PUBLICATION DE LA RÉUNION DES OFFICIERS

RÈGLEMENTS

SUR LES

EXERCICES & ÉVOLUTIONS

DES TROUPES A PIED

EN ITALIE, EN AUTRICHE ET EN ALLEMAGNE

TRADUITS, RÉSUMÉS ET ANNOTÉS

PAR

TRUTIÉ DE VAUCRESSON

Chef de bataillon au 2e Zouaves

LIMOGES

IMPRIMERIE, LIBRAIRIE ET PAPETERIE MILITAIRES

V. CHARLES, éditeur

16, RUE MANIGNE, 16

USINE A VAPEUR, rue du Verdurier, 5 et 7

1875

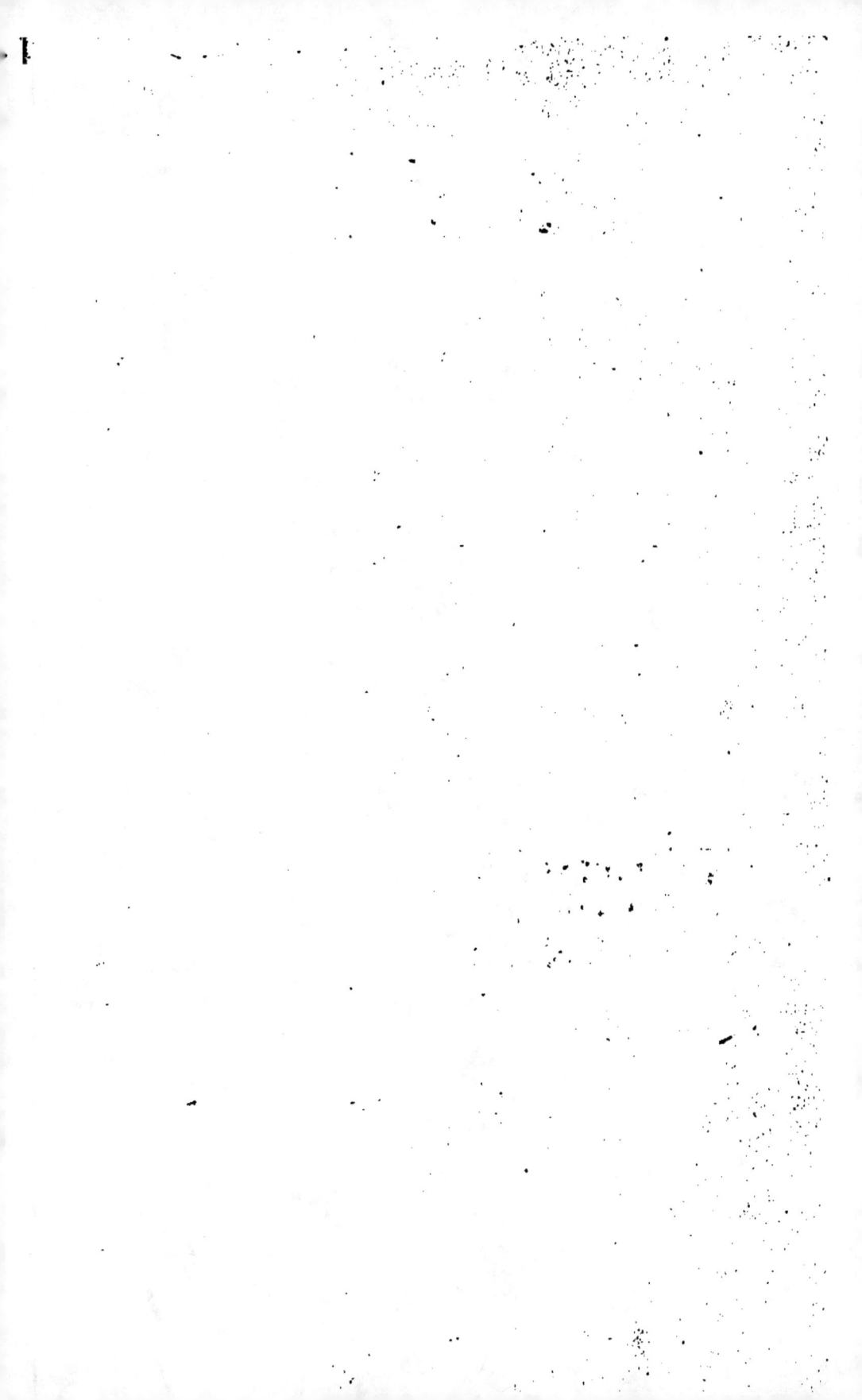

PUBLICATION DE LA RÉUNION DES OFFICIERS

RÈGLEMENTS

SUR LES

EXERCICES & ÉVOLUTIONS

DES TROUPES A PIED

EN ITALIE, EN AUTRICHE ET EN ALLEMAGNE

TRADUITS, RÉSUMÉS ET ANNOTÉS

PAR

TRUTIÉ DE VAUCRESSON

Chef de bataillon au 2e Zouaves

LIMOGES

IMPRIMERIE V. CHARLES, LIBRAIRE-ÉDITEUR

Rue Manigne, 16

—

1875

TABLE DES MATIÈRES

CONTENUES

DANS LE TOME Ier.

(1) Trois nombres sont ordinairement placés en regard de chaque indication ; ils se rapportent, le premier, au Règlement italien ; le deuxième, au Règlement autrichien ; le troisième, au Règlement allemand.

Ainsi : *De la marche*, 101, 147, 182, veut dire qu'on trouvera ce qui est relatif à la marche, aux pages :

101 pour le Règlement italien ;
147 — autrichien ;
182 — allemand.

ÉCOLE DE PELOTON.

Nota. — Les Allemands n'ont pas d'école de peloton. Les classifications des règlements italien et autrichien sont trop différentes pour qu'on puisse réunir en une seule les *Tables des Matières* de ces deux règlements, comme il a été fait pour l'École du soldat. — En conséquence, la *Table des Matières* de l'École de peloton comprend les trois grandes subdivisions suivantes :

I. — Règlement italien.
II. — Règlement tactique italien.
III. — Règlement autrichien.

I. — *Règlement italien.*

II. — *Règlement tactique italien.*

III. — *Règlement autrichien.*

Observations sur l'Ecole de peloton.

FIN DE LA TABLE DES MATIÈRES DU TOME I.

PRÉFACE

SOMMAIRE. — Nécessité de réviser le règlement du 16 mars 1869 sur les manœuvres de l'infanterie, et d'adapter cette révision à l'organisation résultant de la loi du 13 mars 1875. — Manuel de l'Instructeur de tir. — Escrime à la baïonnette. — Suppression de l'école des tirailleurs. — Méthodes d'instruction. — Ordre d'idées dans lequel a été conçu et exécuté ce travail sur les règlements italien, autrichien et allemand. — Documents consultés. — Leur ensemble constitue un *Cours complet de tactique de combat appliquée.*

De toutes les questions militaires en ce moment à l'étude, la seule, peut-être, sur laquelle tout le monde en France soit aujourd'hui d'accord, c'est la nécessité de réviser notre Règlement du 16 mars 1869, sur les manœuvres de l'infanterie.

Dès 1871, une commission militaire fut nommée pour procéder à cette révision. En 1873, elle publia, sous le titre de : *Projet de révision du Règlement du 16 mars 1869, sur les manœuvres de l'infanterie*, la première partie de son travail, comprenant :

Les Principes généraux (bases de l'instruction);

L'Ecole du soldat ; et comme appendice : *Les Exercices d'assouplissement* et *l'Ecole du tireur*.

M. le général du Barail, qui était alors ministre de la guerre, ordonna que le *Projet de révision* fût communiqué aux corps de troupe; il prescrivit en même temps que des rapports seraient établis, dans un délai déterminé, sur l'opportunité des modifications proposées.

Ces modifications ne furent point favorablement accueillies.

Chacun comprenait que, pour rédiger un règlement de manœuvres, il faut d'abord savoir quelles unités, bataillons et compagnies, on aura à faire manœuvrer. Or, le *Projet de révision* ne disait pas un mot de l'organisation future de l'infanterie : à ce titre, il ne contenta personne.

Depuis cette époque, la loi du 13 mars 1875 a fixé définitivement la composition de nos troupes à pied, et il est désormais certain que notre nouveau règlement de manœuvres devra contenir l'indication des procédés à employer pour faire manœuvrer et surtout combattre, dans les meilleures conditions, des régiments de quatre bataillons, des bataillons de quatre compagnies, des compagnies de quatre sections ou pelotons.

Il convient de rechercher maintenant dans quel esprit et de quelle manière devra s'opérer la révision du règlement du 16 mars 1869.

Il faudra évidemment en conserver la disposition d'ensemble et toutes les parties qu'il ne sera pas indispensable de changer. A ce point de vue, on fera bien de continuer à y insérer les prescriptions relatives à l'armement, à la théorie et à la pratique du tir, à l'appréciation des distances, au classement des tireurs, de manière à fondre dans ce règlement le *Manuel de l'Instructeur de tir,* préalablement débarrassé des quelques subtilités et inutilités dont il est émaillé.

On fera bien également d'y ajouter, en fait de gymnastique, non pas seulement les exercices d'assouplissement, mais ceux aussi de marche, de course, de saut, d'escalade, tous ceux, en un mot, qu'il est possible d'exécuter sans le secours des instruments et appareils de gymnastique proprement dits.

L'escrime à la baïonnette est, dans une certaine mesure, un exercice gymnastique; mais elle ne contribue pas seulement à développer la souplesse et l'agilité du soldat : elle sert aussi à lui enseigner les moyens d'utiliser son fusil comme arme de choc. A ce double titre, elle devrait être très fréquemment pratiquée, et il y aurait avantage à lui réserver une bonne partie du temps et de l'argent qu'on consacre aujourd'hui à l'escrime à l'épée.

Tout cela, d'ailleurs, n'est que secondaire. Le point capital de la révision à intervenir consistera dans la suppression, comme instruction distincte, de ce que nous appelons l'école de tirailleurs. Reléguée à part, dans un coin du règlement, comme un accessoire, l'école de tirailleurs n'a guère eu, jusqu'à ce jour, plus de place dans les exercices, que sa description n'en occupe dans le règlement lui-même. Les instructeurs consacrent presque tout leur temps à l'étude et à la pratique des autres parties du règlement, des manœuvres proprement dites, des évolutions à rangs serrés.

C'est précisément le contraire qui devrait avoir lieu.

Les évolutions à rangs serrés avaient autrefois une importance prépondérante. Aujourd'hui encore, elles sont utiles pour marcher et manœuvrer, utiles aussi pour les revues et parades du Champ de Mars. Mais lorsqu'on sort des conditions normales du temps de paix, dès que l'on approche du champ de bataille, dès surtout que l'on pénètre dans le cercle d'action efficace de l'artillerie ennemie, — et ce cercle a maintenant sept kilomètres de rayon, — les manœuvres à rangs serrés deviennent dangereuses, presque impossibles. Il faut y renoncer, au moins en partie, pour fractionner la troupe en une série de groupes peu vulnérables, agissant isolément, mais conservant néanmoins entre eux les relations nécessaires pour empêcher le combat de dégénérer en une multitude d'efforts qui, s'ils étaient partiels et décousus, resteraient forcément impuissants.

Les troupes sont ainsi disposées en plusieurs lignes successives, d'autant plus clair-semées qu'elles se trouvent davantage en prise au feu de l'ennemi. Cette formation, désormais obligatoire, tient à la fois de l'ordre dispersé et de l'ordre fermé : de l'ordre dispersé, parce que les combattants de première ligne et parfois aussi ceux de deuxième ligne, sont déployés en tirailleurs; de l'ordre fermé, parce que les soutiens des tirailleurs, leurs réserves particulières et les réserves générales, sont formés à rangs serrés. C'est pourquoi on lui applique ordinairement la dénomination *d'ordre mixte* ou *d'ordre normal de combat*, que l'on devrait, suivant moi, remplacer par celle, plus simple et en même temps plus vraie, *d'ordre de combat*, sans épithète.

S'il est vrai que l'ordre actuel de combat nécessite une formation dans laquelle les troupes de première ligne sont toujours déployées en tirailleurs, ce serait un non-sens de continuer à faire des manœuvres en tirailleurs une école distincte et, pour ainsi dire, accidentelle; ce serait un non-sens aussi de réserver, dans nos règlements, la place principale aux évolutions à rangs serrés, qui ne sont plus que des formations de seconde ligne, de manœuvre ou de parade.

Ces considérations ont inspiré les rédacteurs des principaux règlements étrangers, en Italie, en Autriche et en Prusse.

Aucun de ces règlements ne contient rien de semblable à ce que nous appelons l'Ecole de tirailleurs. Les manœuvres à rangs serrés y sont réduites au strict nécessaire. Les manœuvres avec tirailleurs y tiennent au contraire une très large place.

La formation en tirailleurs — ou mieux : avec tirailleurs sur le front — n'est plus aujourd'hui une formation accidentelle. Elle est normale et également obligatoire pour l'escouade, le peloton, la compagnie et le bataillon. Cela est tellement vrai que, quand le général Ducrot eut récemment la très heureuse idée de développer, de commenter et de compléter le Règlement du 16 mars 1869, il fut naturellement amené à diviser son école de tirailleurs en école d'escouade, école de compagnie et école de bataillon. Le Règlement nouveau ne devra être qu'une grande école de tirailleurs, à laquelle on ajoutera les quelques formations à rangs serrés, nécessaires pour marcher, manœuvrer et parader.

Il comportera nécessairement les subdivisions suivantes :

Ecoles du soldat et d'escouade;

Ecole de section ou de peloton;

Ecole de compagnie;

Ecole de bataillon;

Ecole de régiment.

L'école de section ou de peloton nouvelle serait alors l'école intermédiaire entre celles du soldat et de compagnie.

Cette classification a été adoptée en Italie et en Autriche. Dans ces pays, l'école de peloton est consacrée au dressage de la subdivision commandée par un lieutenant ou sous-lieutenant : l'école de compagnie devient une école de bataillon au petit pied, et l'école de bataillon n'est autre chose que notre école actuelle de régiment.

Mais il ne suffit pas d'avoir un bon règlement, — et, par ces mots, j'entends un règlement qui soit surtout une excellente école de combat — il faut aussi posséder des méthodes d'instruction indiquant les procédés à employer pour rendre toutes les formations tactiques familières aux troupes; il faut que les exercices du temps de paix soient une véritable et constante préparation à ceux du temps de guerre; il faut, comme le dit avec tant de raison M. le général Ducrot, « que chacun puisse arriver à posséder une si entière et si complète ha-

» bitude de l'école de combat, que
» tout paraissant facile et naturel à
» tous, les officiers n'aient plus qu'à
» dire à leurs hommes, au moment
» de l'action :

» *Comme à la manœuvre.* »

Ces méthodes d'instruction occupent une place importante dans l'éducation tactique des troupes étrangères.

En Prusse, elles ne sont pas réglementées. Chaque chef de compagnie est livré à son initiative personnelle. Il s'inspire généralement des procédés, au surplus assez semblables, recommandés dans de nombreux traités sur la matière, dont les auteurs sont des officiers de tous grades, depuis le simple lieutenant jusqu'au général. Si ce système a l'inconvénient de manquer un peu d'uniformité, il a, par contre, l'avantage de développer le goût du métier et les aptitudes tactiques des officiers. Sous ce dernier rapport, il serait désirable de le voir s'implanter aussi en France. Mais il ne faut pas y compter beaucoup. Dans notre armée, qui se ressent des instincts essentiellement démocratiques de la nation, on ne goûte guère l'initiative individuelle : c'est à peine si on la supporte chez des hommes comme les Ducrot, les Bourbaki et quelques autres, en *très petit nombre*, à qui leur âge, leur grade et l'importance des services rendus confèrent une autorité assurément incontestable. En dehors de ces rares personnalités, l'initiative individuelle est ordinairement qualifiée de vanité excessive; on la prend volontiers pour la manifestation d'un esprit de coupable indépendance ou de malicieuse critique; et, comme il n'y a qu'un pas de l'indépendance et de la critique à l'insubordination, les militaires prudents et bien avisés évitent assez généralement de faire acte d'initiative : c'est, en effet, le parti le plus sage.

Puisqu'il en est ainsi, il faut nous résigner à réglementer les méthodes d'instruction, comme tout le reste. Nous aurons alors, soit à développer ces méthodes dans le corps même du règlement de manœuvres, comme ont fait les Autrichiens, soit à les grouper dans un règlement spécial, comme ont fait les Italiens.

A ces conditions, l'infanterie française sera pourvue bientôt, je l'espère, d'un règlement n'ayant rien à envier à ceux des armées étrangères.

Il reste à faire connaître maintenant l'ordre d'idées dans lequel a été conçu et exécuté mon travail sur les règlements italien, autrichien et allemand.

Je n'avais tout d'abord projeté que la traduction du règlement italien qui est, à beaucoup d'égards, très digne d'attention. Pour éviter des longueurs inutiles, je me suis borné à résumer, sans m'astreindre à les traduire littéralement, les passages n'ayant qu'un intérêt secondaire, ceux notamment qui sont relatifs aux détails du maniement d'armes, des exercices gymnastiques, etc.

Les parties ainsi résumées sont imprimées en caractères plus fins que la traduction littérale : cette disposition permettra au lecteur de les distinguer facilement.

La traduction du règlement italien terminée, j'ai pensé qu'il serait utile d'en comparer les principales prescriptions avec celles des règlements autrichien et allemand. Mais je ne tardai pas à remarquer que les *notes* consacrées à cette comparaison devenaient, à vrai dire, la partie la plus intéressante de mon travail ; je fus ainsi insensiblement entraîné à leur donner un grand développement.

C'est alors que je pris la résolution de joindre au règlement italien, non plus de simples notes, mais un résumé *complet* des règlements autrichien et allemand.

Je complétai ensuite le tout par des indications détaillées, dont je crois pouvoir garantir l'exactitude, sur l'organisation et le service des troupes à pied en Italie, en Autriche et en Allemagne. Enfin, j'y ajoutai des renseignements, que je considère comme très importants, sur les propriétés balistiques des armes à feu portatives actuellement en service dans les armées italienne, autrichienne, bavaroise et prussienne.

Je n'ai pas besoin de dire que la

partie de ce travail qui est relative au règlement de manœuvres prussien n'est pas nouvelle : il existe depuis longtemps une traduction complète de ce règlement, due à M. le capitaine Monlezun; M. le commandant Leclère en a aussi publié une analyse. Ma traduction est moins littérale que celle de M. Monlezun; elle est plus détaillée que l'étude de M. Leclère. Elle contient, en outre, le résumé des modifications résultant de l'ordre du cabinet du 19 mars 1873.

Je ne connais aucune traduction des règlements italien et autrichien. Je dois dire cependant que la *Revue militaire de l'étranger* a publié d'intéressants extraits du règlement autrichien.

Les renseignements relatifs à l'organisation et au service des troupes à pied sont le résultat de longues recherches dans la *Revue militaire de l'étranger*, dans les règlements originaux des armées dont je me suis occupé, et dans les ouvrages de MM. Witzleben et Jùrnitschek, dont je ne connais pas non plus de traduction française.

Les indications concernant les armes à feu portatives sont extraites, pour la plupart, du *Cours d'artillerie* professé à l'École d'application de Fontainebleau, par M. le capitaine Lachèvre; quelques-unes sont empruntées aussi à la *Revue d'artillerie.*

J'ai tenu à citer ici les documents

dont je me suis aidé, pour rendre à mes devanciers l'hommage auquel ils ont droit. Mon travail est uniquement une œuvre de traduction, de compilation et de mise en ordre : j'ai réuni en deux petits volumes, du format habituel de nos théories, des renseignements que je crois de nature à intéresser un certain nombre de mes camarades.

Ce qui m'a surtout encouragé, c'est que l'ensemble des documents que j'ai groupés, l'étude des prescriptions qu'ils contiennent, la comparaison des procédés qu'ils préconisent, l'application des méthodes d'instruction qu'ils développent, m'ont semblé constituer un cours complet de tactique, non pas de tactique spéculative, faisant de l'art pour l'art, mais de cette tactique élémentaire, usuelle, essentiellement *pratique*, que nous aurons à appliquer sur les prochains champs de bataille, et qui PRÉCISE les moyens à employer pour infliger à l'ennemi plus de pertes qu'on n'en subit soi-même.

J'écris pour les sous-officiers, pour les officiers de troupe, pour les combattants. J'ai essayé de faire à leur usage une sorte de Manuel méritant d'être intitulé :

COURS *complet de* **TACTIQUE** *de combat* **APPLIQUÉE.**

A. DE VAUCRESSON.

Oran, le 25 avril 1875.

AVIS ESSENTIEL

Les *Règlements sur les Exercices et Évolutions des troupes à pied* forment deux tomes, ainsi qu'il suit :

TOME I. — Préliminaires. — Bases de l'instruction — Ecole du soldat. — Armes à feu portatives. — Ecole de peloton. — Méthodes d'instruction. — Exercices et exemples de combats.

TOME II. — Ecole de compagnie. — Ecole de bataillon. — Ecoles de régiment et de brigade. — Méthodes d'instruction. — Grandes manœuvres.

J'attendais la deuxième partie du

nouveau Règlement autrichien (Écoles de bataillon et de brigade) pour terminer mon travail.

Cette deuxième partie vient de paraître : la publication du tome II des *Règlements* suivra donc de très près celle du tome Ier.

A. DE V.

PRÉLIMINAIRES

ORGANISATION ET SERVICE

DES TROUPES A PIED

EN ITALIE, EN AUTRICHE & EN ALLEMAGNE

PRÉLIMINAIRES

Organisation et service de l'infanterie italienne.

L'organisation de l'armée italienne et des services dépendant de l'administration de la guerre est réglée par la loi du 30 septembre 1873 et par un décret royal en date du même jour, dont il paraît opportun de résumer ici les principales dispositions.

L'arme de l'infanterie comprend :

a) L'infanterie de ligne ;

b) Les bersagliers ;

c) Les états majors et les compagnies permanentes des districts militaires, ainsi que les compagnies alpines ;

d) Les officiers des forteresses (état-major des places).

L'*Infanterie de ligne* compte 80 régiments, ayant chacun 3 bataillons de quatre compagnies, plus une compagnie de dépôt.

Les *bersagliers* forment 10 régiments, ayant chacun 4 bataillons de quatre compagnies, plus une compagnie de dépôt.

Les *districts militaires* sont des centres de mobilisation et d'instruction, ayant chacun un état-major semblable à celui des régiments. Il est attaché à chaque district un nombre de compagnies permanentes variable suivant les besoins du service et de la mobilisation.

On compte, dans tout le royaume, 62 districts, dont dépendent 176 compagnies permanentes et 24 *compagnies alpines*. Ces dernières sont réparties en 7 groupes, relevant chacun d'un officier supérieur, lieutenant-colonel ou major.

L'infanterie comprend en outre :

3 bataillons d'instruction ;

Une école normale d'infanterie, et des compagnies et établissements de discipline.

Au total, les cadres de l'infanterie comportent 6,458 officiers, répartis ainsi qu'il suit :

128 colonels ;

136 lieutenants-colonels, commandants de bataillon ou de district ;

357 majors, commandants de bataillon ou chargés de la comptabilité ;

1,713 capitaines, dont 60 adjoints d'état-major et 40 aides de camp des généraux commandant les brigades d'infanterie ;

2,750 lieutenants ;

1,374 sous-lieutenants.

L'état-major d'un régiment de ligne comprend :

1 Colonel commandant de régiment,

1 Lieutenant-colonel } Commandants
2 Majors } de bataillon ;

1 Major-*Rapporteur*, chargé de l'administration :

1 Adjudant-major en 1er (capitaine);

3 Adjudants-majors en 2e (lieutenants adjudants-majors de bataillon);

3 Médecins, dont 1 capitaine et 2 lieutenants ou sous-lieutenants;

1 Capitaine-comptable, directeur des comptes;

1 Officier subalterne comptable, officier payeur;

1 Officier subalterne comptable, chargé des masses et de la matricule;

1 Officier subalterne comptable, adjoint au capitaine des comptes.

Le petit état-major comprend :

4 Fourriers-majors (adjudants sous-officiers, dont 1 attaché à l'état-major (*maggiorità*) du régiment et les 3 autres aux états-majors des bataillons);

Et une série d'employés, comptables, ouvriers, musiciens, vaguemestre, cantiniers, etc.

Une compagnie, sur le pied de paix, se compose de :

1 Capitaine;

3 Lieutenants ou sous-lieutenants;

1 Fourrier (*furière*), sergent-major char-

gé de la discipline et de la comptabilité) ;

4 Sergents, dont 1 chargé de la comptabilité ;

1 Caporal-fourrier ;

8 Caporaux (dont 2 *majors*, remplissant à l'occasion les fonctions de sergent) ;

6 *Appointés*, sortes de *Gefreiten*, comptant dans la catégorie des soldats, mais ayant néanmoins autorité et commandement sur leurs camarades dans le service et hors du service ;

2 Clairons ;
2 Élèves clairons ; } Il n'y a pas de tambours.

2 Sapeurs ;

1 Élève sapeur ;

73 Soldats ;

En tout : 100 hommes de troupe et 4 officiers.

Le régiment entier se compose de 1,310 hommes, dont 65 officiers.

Les *régiments de bersagliers* sont organisés comme les régiments de ligne ; mais ils ont 4 bataillons au lieu de 3. Leur effectif, sur le pied de paix, est de 1,690 hommes, dont 84 officiers.

La composition des cadres et les effectifs des corps de troupes *sur le pied de guerre* sont déterminés par des dispositions spéciales.

La compagnie de ligne et de bersagliers est alors composée de :

1 capitaine, 4 lieutenants ou sous-lieutenants et 200 hommes de troupe, dont 9 sous-officiers, 21 caporaux et 170 soldats.

La compagnie se subdivise, suivant sa force, en deux, trois ou quatre *pelotons*.

Quand elle a moins de 100 hommes présents, elle ne forme que deux pelotons : elle en forme trois, quand elle compte plus de 100 hommes et moins de 150 : elle en forme quatre, quand elle se compose de 150 présents ou plus.

Le peloton est commandé par un officier.

Il se divise en deux *escouades* (*squadre*) commandées chacune par un sergent.

Quand l'escouade comprend plus de 16 hommes présents, elle se divise en deux *escadrilles* (*squadriglie*) commandées chacune par un caporal.

Les caporaux non employés, s'il y en a, les *appointés* et les meilleurs tireurs sont répartis en nombre égal dans les pelotons et escouades.

Les *fonctions des différents grades* sont sensiblement les mêmes qu'en France, excepté pour le *lieutenant-colonel*, qui n'est qu'un simple commandant de bataillon, comme les majors.

La qualification de *major* s'applique à tous les officiers supérieurs autres que le colonel et le lieutenant-colonel, que ces officiers soient d'ailleurs commandants de bataillon ou chargés de la comptabilité.

Le major chargé de la comptabilité prend le titre de *rapporteur* (*relatore*), parce qu'il est rapporteur du conseil d'administration permanent.

Le rapporteur est nommé par le Ministre.

Dans l'artillerie et le génie, ces fonctions sont dévolues au lieutenant-colonel.

Dans les régiments d'infanterie et de cavalerie, le rapporteur est choisi exclusivement parmi les majors. Il ne conserve pas ses fonctions spéciales pendant plus de deux années consécutives, et il ne peut en être investi de nouveau qu'après avoir commandé un bataillon pendant au moins un an.

Le rapporteur est le chef immédiat des *officiers comptables* ; ceux-ci prennent, suivant les cas, les qualifications de capitaine, lieutenant ou sous-lieutenant ; ils portent les insignes de ces grades et jouissent de toutes les prérogatives qui y sont attachées.

Mais, en leur qualité de comptables, ils ne peuvent jamais exercer un commandement de troupe, ni rentrer dans les cadres actifs, même par permutation ou avancement.

Les comptables se recrutent parmi les officiers et sous-officiers de l'armée active.

Les *médecins* portent aussi, suivant les cas, les titres des divers grades d'officier, jusques et y compris celui de général. Ils portent les insignes de ces grades et jouissent de toutes les prérogatives qui en découlent; mais ils ne peuvent exercer de commandement.

L'*adjudant-major* en 1er est un capitaine monté.

Il commande les troupes de l'état-major du régiment; il a sous ses ordres les lieutenants adjudants-majors en 2e, attachés à chaque bataillon; il est chargé de l'instruction théorique et pratique des sous-officiers, caporaux et élèves.

« Choisi parmi les capitaines les plus distingués du régiment, il est, disent les articles 292 et 296 du règlement de discipline, *secrétaire et aide de camp du colonel.* »

Le lieutenant adjudant-major ou adjudant-major en 2e, remplit, dans son bataillon, des fonctions analogues à celles de l'adjudant-major en 1er dans le régiment. Il est secrétaire et aide de camp du chef de bataillon (art. 298 du même règlement).

Les *adjudants sous-officiers* portent, en Italie, la dénomination de *furiere maggior*, fourrier-major; les sergents-majors portent celles de *furiere*, fourrier.

Les *appointés* appartiennent à la catégorie des soldats ; ils sont les subordonnés des caporaux. On les choisit de préférence parmi les hommes de troupe les plus méritants. Dans le service et hors du service, ils ont autorité et commandement sur les autres soldats, même sur ceux qui sont plus anciens qu'eux.

Ils remplacent les caporaux absents ou empêchés ; ils doivent en connaître tous les devoirs.

PRÉLIMINAIRES

Organisation et service de l'infanterie autrichienne.

Dans l'armée austro-hongroise, la compagnie d'infanterie, *sur le pied de paix*, est composée ainsi qu'il suit :

OFFICIERS.

Capitaine	1	3
Premier lieutenant (*Ober-Lieutenant*)	1	
Lieutenant	1	

SOUS-OFFICIERS.

Cadet-suppléant-officier, non armé de fusil....	1	12
Sergent-major (*Feldwebel*)	1	
Sergent-major comptable (*Rechnùngs - Feldwebel*), non armé de fusil	1	
Sergents (*Zùgführer*)...	4	
Caporaux (*Corporale*)...	5	

SOLDATS.

Gefreiten...............		5	80
Soldats (1)		70	
Tambour....	non armés de fusil	1	
Clairon......		1	
Ordonnances d'officiers..		3	

Effectif de la compagnie : 95 hommes, officiers compris.

En temps de paix, 4 hommes par compagnie reçoivent l'instruction nécessaire

---

(1) Les compagnies des régiments dits de réserve n'ont que 50 soldats.

pour pouvoir être employés en campagne comme *pionniers*. Un caporal et 3 à 4 hommes par compagnie sont aussi exercés aux fonctions de *brancardiers* et d'*infirmiers-porte-sacs*, pour aider, à l'armée, au transport et au pansement des blessés.

Notons ici, qu'aux termes d'un décret impérial du 25 février 1870, les troupes d'infanterie autrichiennes sont pourvues en tous temps d'un outil de pionnier appelé *bêche d'infanterie*, dont l'invention est due à M. le capitaine Linnemann, de l'armée royale danoise.

Dans chaque file, l'homme du second rang porte une bêche Linnemann ; l'homme du premier rang porte la marmite pour les deux soldats de la file. Le même homme ne doit jamais porter à la fois une bêche et une marmite.

La bêche Linnemann pèse 700 grammes ; elle a 0^m50 de longueur, manche compris. Elle est disposée de manière à pouvoir servir à la fois de pelle, de bêche, de hache et de scie.

Le soldat la porte suspendue au côté

gauche du ceinturon, auprès du sabre, dans un étui en cuir.

Il existe en Autriche une petite *Instruction* indiquant les ouvrages de terrassement et autres que l'on peut exécuter avec la bêche Linnemann.

Les *compagnies de chasseurs* sont organisées, sur le pied de paix, comme les compagnies de ligne, sauf les différences ci-après :

Le *Feldwebel* prend la dénomination de *Oberjäger ;* les caporaux et Gefreiten prennent celles de *Unterjäger* et *Patrouille-führer* (chefs de patrouille) ; le tambour est remplacé par un second clairon. Le nombre des caporaux est de 8, ainsi que celui des *Patrouille-führer ;* il y a 80 soldats (*Jäger*), au lieu de 70, ce qui porte à 111 hommes, officiers compris, l'effectif de la compagnie sur le pied de paix.

Sur le pied de guerre, la compagnie d'infanterie comprend :

OFFICIERS.

Capitaine...........	1	
Premier lieutenant....	1	4
Lieutenants..........	2	

SOUS-OFFICIERS.

Cadet-suppléant-officier, non armé de fusil	1	19
Sergent-major	1	
Sergent-major comptable, non armé de fusil	1	
Sergents	4	
Caporaux	12	

SOLDATS.

Gefreiten		18	213
Soldats		180	
Tambours	non armés de fusil	2	
Clairons		2	
Pionniers		4	
Infirmiers-porte-sacs		3	
Ordonnances d'officiers		4	

Effectif de la compagnie : 236 hommes

Les compagnies de chasseurs, sur le pied de guerre, ont la même composition que celles d'infanterie, mais avec 16 caporaux, au lieu de 12, ce qui porte leur effectif à 240 hommes, officiers compris.

La composition des compagnies étant ainsi connue, il convient d'indiquer aussi succinctement que possible, la manière, d'ailleurs assez compliquée, dont ces compagnies sont groupées en bataillons et régiments.

L'infanterie austro-hongroise comprend :

Les régiments d'infanterie de ligne :

Les bataillons de chasseurs :

Le régiment des chasseurs tyroliens de l'Empereur François-Joseph.

Infanterie de ligne. — Il y a 80 régiments d'infanterie de ligne, numérotés de 1 à 80.

Chaque régiment reçoit en permanence ses recrues et ses réservistes d'une circonscription territoriale, toujours la même, qui est son *district de recrutement, Ergänzungs-Bezirk.*

Chaque régiment est pourvu de ce que les Autrichiens appellent un *Propriétaire, Inhaber* : c'est un prince régnant, ou un membre d'une famille princière, ou encore un général distingué ; l'*Inhaber* est nommé par l'Empereur.

Jusqu'en 1868, il jouissait de droits très étendus, particulièrement en ce qui concernait la justice militaire et la collation des grades. Aujourd'hui, la charge d'*Inhaber* est purement honorifique ; elle ne confère d'autre privilége que celui de porter l'uniforme du régiment, avec les insignes du grade de colonel.

Les régiments d'infanterie de ligne se distinguent entre eux : *a)* par leur numéro d'ordre ; *b)* par le nom de la contrée dans laquelle ils se recrutent ; *c)* par le nom de leur propriétaire. Ainsi, on dit, par exemple : *Régiment hongrois de Frédéric-Guillaume, Grand duc de Mecklembourg-Strélitz, n° 31*, pour désigner un régiment d'infanterie de ligne qui se recrute en Hongrie, qui a pour *Inhaber* le Grand duc de Mecklembourg-Strélitz et qui porte le numéro d'ordre 31 dans la série des 80 régiments.

Chaque régiment de ligne comprend :

a) Cinq bataillons de 4 compagnies ;

b) Un cadre de bataillon de remplacement ;

c) Un cadre de compagnie de remplacement.

Les compagnies des 5 bataillons sont numérotées de la droite à la gauche, depuis 1 jusqu'à 20.

Ces cinq bataillons se subdivisent en deux fractions *distinctes* : les 4e et 5e, tiennent en permanence garnison dans le district de recrutement du régiment et constituent un *régiment de réserve*. Les 1er, 2e et 3e bataillons, composant ce que l'on pourrait appeler la partie mobile du régiment, tiennent garnison dans une place de guerre ou ville quelconque de la monarchie, ordinairement en dehors du district de recrutement.

On voit, d'après cela, que chaque régiment de ligne est constamment, pour ainsi dire, dédoublé. Il en résulte que l'infanterie austro-hongroise comprend non pas 80, mais bien 160 régiments de ligne, dont une moitié a trois bataillons et dont l'autre moitié n'en a que deux.

Il serait sans intérêt d'entrer ici dans le détail des relations de service existant entre le commandant des 1er, 2e et 3e bataillons, et celui des 4e et 5e. Il suffira de spécifier que, même en campagne, et lorsque les deux fractions du régiment font partie de la même brigade, le régiment de réserve doit toujours conserver une autonomie suffisante pour pouvoir agir isolément.

Voici maintenant quelle est, sur le pied de paix, la composition de ces deux régiments :

RÉGIMENT DE LIGNE

(1er, 2e et 3e bataillons.)

Colonel commandant le régiment.		1
Lieutenant-colonel, commandant de bataillon		1
Majors, commandants de bataillon		2
Adjudant de régiment.	lieutenants	1
Adjudants de bataillon	lieutenants	3
Officier chargé des vivres (*Proviant-Officier*)		1
Officiers comptables (*Rechnungs-Officiere*)		2

Médecins........................ 3
Sergents d'état-major (*Stabsführer*)........................ 2
Secrétaires, musiciens, armuriers, tambours, clairons, ordonnances d'officiers........................ »
12 compagnies constituées, comme il est dit ci-dessus.

En tout : 4 officiers supérieurs, (*Stabs-Officiere*) ; 46 officiers des autres grades (*Ober-Officiere*) ; 161 sous-officiers (*Unter-Officiere*) ; 1,015 hommes de troupe, (*Mannschaft*) ; effectif : 1,226 hommes.

RÉGIMENT DE RÉSERVE

(4ᵉ et 5ᵉ bataillons).

Colonel ou lieutenant-colonel, commandant de réserve........ 1
Majors, commandants de bataillon........................ 2
Adjudants de bataillon........ 2
Médecin........................ 1
Sergent d'état-major........... 1
Tambours et ordonnances d'officiers........................ »
8 compagnies constituées comme

celles du régiment de ligne, mais n'ayant que 50 soldats en temps de paix, au lieu de 70.. »

En somme : 3 officiers supérieurs ; 27 des autres grades ; 91 sous-officiers ; 486 hommes de troupe ; effectif : 607 hommes.

Le colonel ou lieutenant-colonel commandant le régiment de réserve est en même temps commandant du district de recrutement.

Il a sous ses ordres, faisant partie du régiment :

1° Le *cadre de bataillon de remplacement* comprenant : 1 capitaine, commandant en second le district de recrutement ; 1 médecin ; 1 officier comptable ; 3 secrétaires ; 1 armurier ; 3 ordonnances ; en tout, 10 personnes ;

2° Le *cadre de compagnie de remplacement*, comprenant : 3 officiers, 5 sergents-majors comptables et 3 ordonnances d'officiers ; en tout 11 personnes.

En additionnant tous les nombres qui précèdent, on trouve que l'effectif normal du régiment entier, sur le pied de paix, comprend :

Officiers supérieurs.........	7
Officiers des autres grades...	79
Sous-officiers...............	261
Hommes de troupe.........	1,507
Effectif............	1,854

Les adjudants de régiment et de bataillon sont montés aux frais de l'Etat. Les officiers supérieurs et les quatre plus anciens capitaines de chaque régiment se montent à leurs frais ; leurs chevaux sont nourris par l'Etat.

Sur le pied de guerre, chaque bataillon est porté à l'effectif de 18 officiers et 934 hommes, ce qui donne :

a) Pour le régiment de ligne : 64 officiers et 2,901 hommes ; plus, 60 chevaux de selle ou de trait ;

b) Pour le régiment de réserve : 44 officiers, 1904 hommes et 40 chevaux.

Le bataillon de remplacement est alors formé à 5 compagnies, comprenant 25 officiers et 1,130 hommes.

Le régiment entier, sur pied de

guerre, se trouve ainsi composé de 6 bataillons, dont 1 à 5 compagnies, ayant ensemble : 133 officiers, 5,935 hommes et 101 chevaux.

En cas de nécessité, on peut former, avec les 4 premières compagnies du bataillon de remplacement, un sixième bataillon de marche, destiné soit à se joindre aux deux bataillons du régiment de réserve, soit à constituer des corps indépendants. La 5e compagnie du bataillon de remplacement reste alors seule chargée de pourvoir, comme dépôt, aux besoins de tous genres du régiment entier.

Bataillons de chasseurs. — Il existe dans l'armée austro-hongroise 33 bataillons de chasseurs formant corps (*Feld-Jäger-Bataillone*). Ils sont numérotés de 1 à 33.

Chaque bataillon se recrute en permanence dans la même contrée, comprenant un ou plusieurs districts de recrutement de régiment de ligne; mais il n'y tient ordinairement pas garnison.

Le bataillon de chasseurs se compose de :

a) Un état-major et 4 compagnies de guerre ;

b) Une compagnie de réserve ;

c) Un cadre de compagnie de remplacement, dont voici le détail :

Officier supérieur (major ou lieutenant-colonel) commandant.	1
Adjudant de bataillon. . .	1
Officier chargé des vivres.	1
Médecins.	2
Officier comptable	1
Sergent d'état-major. . . .	1
Secrétaires, clairons, armuriers, ordonnances. .	9
4 compagnies organisées comme il a été dit précédemment	444
1 compagnie de réserve :	
Officiers	3
Sous-officiers.	11
Soldats.	60
A reporter. . .	534

Report.	534

Cadre de compagnie de remplacement :

Officier	1
Sous-officiers	2
Soldat	1
Effectif.	538 hommes,

dont :

Officier supérieur	1
Officiers des autres grades	21
Sous-officiers	77
Soldats	439

La compagnie de réserve et le cadre de compagnie de remplacement résident en permanence dans le district de recrutement du bataillon ; l'officier du cadre de compagnie de remplacement y remplit les fonctions d'officier de recrutement, sous les ordres du capitaine de la compagnie de réserve.

Sur le pied de guerre, les effectifs sont augmentés ainsi qu'il suit :

L'état-major et les 4 compagnies de guerre comprennent 22 officiers, 967 hommes et 20 chevaux ;

La compagnie de réserve comprend 4 officiers et 233 hommes ;

Le cadre de compagnie de remplacement forme une compagnie à l'effectif de 4 officiers et 228 hommes ;

Ce qui donne, pour le bataillon entier : 30 officiers, 1,431 hommes et 20 chevaux de selle ou de trait.

Régiment des chasseurs tyroliens. — Ce régiment, qui a pour *Inhaber* l'Empereur régnant François-Joseph Ier, se recrute exclusivement dans le Tyrol et le Vorarlberg, où ses bataillons résident d'une manière permanente, à l'exception de l'un d'eux, qui est envoyé, à titre d'honneur, tenir garnison à Vienne ou dans les environs.

Le régiment des chasseurs tyroliens se compose de :

a) Sept bataillons de guerre à 4 compagnies ;

b) Sept compagnies de réserve ;

c) Un cadre de bataillon de remplacement.

Le colonel du régiment commande en même temps le district de recrutement formé par le Tyrol et le Vorarlberg.

Les sept bataillons ne constituent un régiment qu'en temps de paix. En temps de guerre, chacun d'eux est attaché à une brigade et opère séparément, comme font les 33 autres bataillons de chasseurs ; les bataillons tyroliens sont organisés en conséquence, dès le temps de paix.

Leur composition, sur les pieds de paix ou de guerre, est absolument identique à celle des bataillons de chasseurs.

Il résulte de cette combinaison que l'Autriche dispose en réalité de 40 de ces bataillons.

Sur le pied de guerre, les 40 compagnies de réserve sont groupées 4 par 4 pour former 10 bataillons de réserve, qu'on numérote de 1 à 10.

En cas de nécessité, les 40 compagnies de remplacement peuvent former 40 compagnies de guerre qui, groupées 4 par 4, constituent 10 autres bataillons de réserve, qu'on numérote de 11 à 20.

On voit, d'après cela, que, sur le pied

de guerre, l'Autriche-Hongrie peut porter à 60 le nombre de ses bataillons de chasseurs.

Un de ces bataillons est ordinairement attaché à chaque brigade d'infanterie.

Devoirs généraux des différents grades. — Le *Colonel* (*Oberst*) est responsable de l'instruction, de la discipline et de l'administration du régiment.

Le *Lieutenant-colonel* (*Oberstlieutenant*) commande un bataillon. Il remplace le colonel absent ou empêché ; il doit posséder les qualités d'un chef de corps, se tenir constamment au courant des habitudes du régiment, connaître les règlements en vigueur et tout ce qu'il aurait besoin de savoir pour suppléer le colonel ; à part cela, ses fonctions sont les mêmes que celles des majors.

Le *Major* (*Major*) commande un bataillon : son autorité s'étend sur les officiers, sur les compagnies et sur toutes les parties du service qu'il doit surveiller, sans empiéter toutefois sur les attributions des commandants de compagnie. Il a pour auxiliaires l'adjudant et l'officier d'armement du bataillon.

L'*Adjudant de bataillon* est un officier du grade de lieutenant ; il est monté. Il doit aider en toutes circonstances et avec un zèle constant le commandant du bataillon, à qui il est directement subordonné. L'adjudant de bataillon fait toutes les écritures, tous les rapports, toute la correspondance ; il tient tous les registres et transmet aux compagnies les ordres du commandant. Il commande le service. Il surveille les tambours, les clairons et le cadet porte-drapeau.

L'*Adjudant de régiment* remplit des fonctions analogues auprès du colonel.

Le *Rechnùngsführer* est un officier du grade de capitaine. Il dirige l'administration du régiment, de concert avec l'*Officier chargé des vivres* (*Proviant-Officier*) et le Lieutenant *Rechnùngsführer*.

Le *Sergent d'état-major* (*Stabsführer*) est chargé des hommes punis, du maintien des mesures d'ordre et de police dans les casernes, quartiers et camps, de la surveillance des cantiniers et autres marchands et du service de vaguemestre (*Wagenmeister*). Il y en a ordinairement 3 par régiment de 3 bataillons. Le colonel répartit entre eux les divers services. Le sergent d'état-major est plus spécialement subordonné aux adjudants de régiment ou de bataillon ; comme vaguemestre, il relève aussi du *Proviant-Officier*.

Le *Capitaine* (*Haùptmann*) est responsable de l'instruction et de l'administration de la compagnie dont le commandement lui est confié. Il a pour auxiliaires des officiers et des sous-officiers. Il attache à chaque peloton un sergent ou un *Corporal*, et à chaque escouade (*Cameradschaft*) un *Corporal* ou un *Gefreite*.

Il est chargé de l'instruction théorique et pratique de ses subordonnés : c'est un de ses devoirs les plus importants.

Quand il exerce temporairement des fonctions supérieures, il ne quitte pas, pour cela, le commandement de sa compagnie.

Les *Officiers subalternes* (*Sùbalterne-*

Officiere) sont les auxiliaires du capitaine, qui règle, comme il l'entend, les fonctions de chacun d'eux. Cependant, le lieutenant a ordinairement la surveillance de l'administration, et le premier-lieutenant est responsable de la tenue du registre d'ordres.

Le *Sergent-major (Feldwebel)* a autorité sur toute la compagnie pour ce qui concerne le service et la discipline ; il est l'agent actif et dévoué du capitaine : son rôle, dans la compagnie, est analogue à celui de l'adjudant dans le bataillon. Il a pour supérieur immédiat le cadet-suppléant-officier.

Les *Cadets (Cadeten)* sont des sous-officiers susceptibles de devenir officiers. Quand ils font le service dans une compagnie, on leur confie un emploi quelconque de sous-officier, à l'exclusion de celui de sergent-major comptable. Les cadets les plus méritants sont commissionnés suppléants-officiers *(Officiers-stellvertreter)* : ils ont alors préséance et autorité sur tous les sous-officiers de la compagnie.

Le *Sergent-major-comptable (Rech-*

nungs-Feldwebel) est chargé de la comptabilité et des écritures.

Le *Sergent (Zugführer)* commande l'un des quatre pelotons de la compagnie; il est le supérieur des caporaux et *Gefreiten*, et le subordonné des sergents-majors ou sergents-majors comptables.

Le *Caporal (Corporal)* a rang de sous-officier; il commande une escouade.

Le *Gefreite* est classé dans la catégorie des soldats : il est le chef des hommes de troupe; il peut, à l'occasion, remplir les fonctions de sous-officier; il en a alors les droits et les devoirs (1).

---

(1) La plupart des renseignements relatifs à l'armée autrichienne sont extraits du livre quasi-officiel de M. Alfred Jürnitscheck, intitulé : *Die Wehrmacht der Œsterreichisch-ungarischen Monarchie im Jahre* 1873. (Etat militaire de la monarchie austro-hongroise en 1873).

PRÉLIMINAIRES

Organisation et service de l'infanterie allemande.

La loi relative à la constitution militaire de l'empire d'Allemagne a été promulguée en 1874, sous le titre de *Reichs-Militair-Gesetz*.

Quoique cette loi contienne un grand nombre d'articles, elle n'entre pas dans tous les détails d'organisation dont sont remplies les lois similaires actuellement en vigueur en Autriche, en Italie et en France.

Son article 1er fixe à 401,659 hommes les effectifs à entretenir *sur le pied de paix*, pendant sept ans, à partir du 1er janvier 1874, non compris les officiers, ni les volontaires d'un an.

L'article 2 prescrit que l'infanterie formera 469 bataillons de 4 compagnies chacun. Le régiment se compose de 3 bataillons.

L'article 4 règle d'une manière générale, ainsi qu'il suit, la composition des cadres :

a) La compagnie est commandée par un Capitaine (*Haùptmann*), ayant sous ses ordres 1 Premier-Lieutenant (*Premier Lieutenant*), et 2 ou 3 Seconds-Lieutenants (*Second-Lieutenant*). Il y a ordinairement 3 Seconds-Lieutenants dans les anciens régiments de la garde et dans les chasseurs ; dans les autres corps, il n'y en a que 2.

b). Le bataillon est commandé par un Officier supérieur (*Stabsofficier*), assisté d'un second-lieutenant-adjudant.

c) Le régiment est commandé par un Officier supérieur (Colonel, Lieutenant-Colonel, ou Major) auquel sont adjoints :

Un autre officier supérieur du grade de major, appelé, dans l'infanterie, *cinquième - officier - supérieur* (*Fünfter-Stabsofficier*);

Un second-lieutenant-adjudant;

Et le personnel nécessaire en médecins, comptables, ouvriers, etc.

Aux termes de l'article 7, la formation de l'armée *sur le pied de guerre* est déterminée par des décrets de l'Empereur.

La loi se termine par quelques tableaux fixant en bloc le nombre d'officiers de tous grades et employés militaires assimilés à entretenir en temps de paix.

Tout citoyen de l'empire d'Allemagne doit le service militaire personnel :

a) Dans l'armée active, pendant trois ans;

b) Dans la réserve de l'armée active, pendant quatre ans;

c) Dans la landwehr, pendant cinq ans.

Au point de vue du recrutement, le territoire de l'empire est divisé en 17 circonscriptions ou districts de corps d'armée (*Armee-Korps-Bezirke*); le district de corps d'armée comprend deux districts de division (*Divisions-Bezirke*); celui de division, deux districts de brigade d'infanterie (*Infanterie-Brigade-Bezirke*); celui de brigade d'infanterie, 4 à 6 districts de bataillons de landwehr (*Landwehr-Bataillons-Bezirke*); celui de bataillon de landwehr, 3 à 7 districts de compagnie (*Kompagnie-Bezirke*).

Deux districts de bataillons de landwehr sont ordinairement affectés à chaque régiment d'infanterie.

Les onze régiments de fusiliers prussiens se recrutent chacun dans le district d'un des onze premiers corps d'armée.

Les régiments de la garde prussienne se recrutent sur tout le territoire; ils constituent le dix-huitième corps de l'armée allemande.

Les bataillons de chasseurs et tireurs prussiens se recrutent aussi sur tout le territoire de la monarchie.

Les troupes d'infanterie résident en permanence dans les mêmes garnisons.

L'infanterie allemande comprend :

a) La garde prussienne ;

b) 20 régiments de grenadiers (*Grenadier-Regimenter*) ;

c) 13 régiments de fusiliers (*Füsilier-Regimenter*) ;

d) 106 régiments d'infanterie (*Infanterie-Regimenter*) ;

e) 1 bataillon d'instruction (prussien) ;

f) 26 bataillons de chasseurs ou tireurs (*Jäger-Schützen-Bataillone*).

Les régiments se distinguent entre eux : 1° par le nom de la province où ils se recrutent ; 2° par leur numéro d'ordre dans cette province ; 3° par un numéro d'ordre général ; 4° quelquefois aussi par le nom de leur *Chef honoraire* ou par toute autre désignation.

Ainsi, on dit, par exemple :

2° *régiment de grenadiers de la Prusse Orientale, n° 3*, pour désigner un régiment de grenadiers se recrutant dans la Prusse Orientale, portant le numéro d'ordre 2 dans cette province et le numéro d'ordre 3 dans la série entière des régiments allemands :

Régiment de grenadiers du prince Charles de Prusse, 2e du Brandebourg, n° 12;

2e Régiment d'infanterie du Wurtemberg, Empereur Guillaume, n° 120, etc.

La garde prussienne comprend :

a) 4 régiments de la garde à pied (*Garde-Regimenter Zù Füss*) ;

b) Le régiment des grenadiers de la garde, Empereur Alexandre, n° 1 ;

c) Le régiment des grenadiers de la garde, Empereur François, n° 2 ;

d) Le régiment des grenadiers de la garde, Reine Elisabeth, n° 3 ;

e) Le régiment des grenadiers de la garde de la Reine, n° 4 ;

f) Le bataillon des chasseurs (*Jäger*) de la garde ;

g) Le bataillon des tireurs (*Schützen*) de la garde ;

En tout : 8 régiments, 1 bataillon de chasseurs et un bataillon de tireurs.

Les *régiments d'infanterie* sont fournis par les divers pays de l'empire comme il est indiqué dans le tableau ci-après :

ÉTATS.	RÉGIMENTS DE — FUSILIERS. Nombre.	FUSILIERS. Numéros d'ordre.	GRENADIERS. Nombre.	GRENADIERS. Numéros d'ordre.	INFANTERIE. Nombre.	INFANTERIE. Numéros d'ordre.	TOTAUX DES Régiments.	TOTAUX DES Bataillons.	BATAILLONS DE CHASSEURS ET TIREURS.
Prusse.......	11	33 à 49 73 80 et 86.	12	1 à 12	70	13 à 32 — 41 à 72 — 74 à 79 — 81 à 85 — 87, 88; 91; 93 à 96.	93	279	»
Bataillon prussien d'instruction....................							....	1	»
Régiments de la garde prussienne................							9	27	»
Bataillon de chasseurs de la garde...............							....	....	1
Bataillon de tireurs de la garde..................							....	....	1
Bataillons de chasseurs..........................							....	....	11
Totaux ...	11	»	12	»	70	»	102	307	13
Bavière......	»	»	1	»	15	1 à 15	16	48	10
Saxe.........	1	108	2	100 et 101	6	102 à 107	9	27	2
Wurtemberg..	»	»	2	119 et 123	6	120 à 122 124 à 126	8	24	»
Bade.........	»	»	2	109 et 110	4	111 à 114	6	18	»
Hesse........	»	»	»	»	4	115 à 118	4	8	2
Mecklembourg	1	90	1	89	»	»	2	6	1
Brùnswick....	»	»	»	»	1	92	1	3	»
Totaux....	13		20		106		148	441	28
								469	

L'examen de ce tableau donne lieu à plusieurs observations : les régiments de la garde prussienne et les régiments bavarois forment deux séries distinctes de numéros. Les autres, fusiliers, grenadiers et infanterie, forment ensemble une série de 123 régiments, numérotés de 1 à 126 : les numéros 97, 98 et 99 manquent dans la série. Tous les régiments ont 3 bataillons, à l'exception des régiments hessois qui n'en ont que 2.

Dans le régiment de fusiliers de la garde et dans les autres régiments de fusiliers, les 3 bataillons portent la dénomination de bataillons de *Fusiliers*.

Dans les huit autres régiments de la garde et dans les régiments de grenadiers de la ligne, les deux premiers bataillons portent la dénomination de bataillons de *Grenadiers*, le 3e bataillon celle de bataillon de *Fusiliers*.

Dans les régiments d'infanterie, les deux premiers bataillons sont dits de *Mousquetaires* (*Müsketier*) et le 3e de *Fusiliers*.

Les fusiliers, les chasseurs et les tireurs sont considérés comme troupes légères.

Tout régiment se compose d'un état-major de régiment et de 3 bataillons.

L'état-major de régiment comprend, *sur le pied de paix* :

Commandant de régiment	1	(3 chev.)
Officier supérieur . . .	1	(2 d°)
Lieutenant-*(als)*-adjudant	1	(2 d°)
Sous-officier secrétaire	1	
Musiciens *(Hautboisten)*.	10	

Tout bataillon se compose d'un état-major de bataillon et de 4 compagnies.

L'état-major de bataillon comprend :

Officier supérieur (lieutenant-colonel ou major)	1	(2 chev.)
Lieutenant-*(als)*-adjudant	1	(1 cheval)
Sous-officier secrétaire *(Schreiber)*	1	
Tambour de bataillon.	1	

Médecins.	2	
Comptable (*Zahlmeister*)	1	
Armurier (*Büchsenmacher*).	1	

Chaque compagnie se compose de :

Capitaine.	1	(1 cheval)
Premier-lieutenant . . .	1	
Seconds-lieutenants . .	2 ou 3	
Officiers.	4 ou 5	
Sergent-major (*Feldwebel*)	1	
Enseigne - porte - épée (*Portepee-Fähnrich*)	1	
Sergents (*Sergeanten*), dont un est *Vice-Feldwebel*.	4	
Sous-officiers (*Unter-Officiere*)	7	
Sous-officiers. . .	13	
Gefreiten.	12	
Clairons, fifres ou tambours (*Spielleute*). .	4	
A reporter	16	

Report		16
Grenadiers, mousquetaires ou fusiliers...		99
Troupe *(Gemeine)*.		115
Infirmier *(Lazareth-Gehülfe)*......	non armés	1
Ouvriers......		3

D'où il résulte que:

Une compagnie comprend :

Officiers	4 ou 5
Troupe	128
Hommes non armés...	4

Un bataillon comprend :

Officiers	18	
Sous-officiers.........	54	514
Troupe.............	460	

Un régiment comprend :

Officiers	57	
Sous-officiers.........	163	
Musiciens..........	10	1,553 hommes,
Troupe..............	1,380	

auxquels il faut ajouter :

6 médecins 3 comptables 3 armuriers 12 infirmiers 36 ouvriers	non armés.

et 28 chevaux d'officiers.

Dans les chasseurs et tireurs, le bataillon formant corps comprend un état-major de bataillon et 4 compagnies, dont la composition est absolument identique à celle des bataillons des régiments d'infanterie détaillée ci-dessus ; mais la compagnie a toujours 3 seconds-lieutenants.

L'infanterie allemande, *sur le pied de guerre*, comprend :

1° Les troupes de campagne *(Feld-Infanterie)*, composées des régiments et bataillons indiqués au tableau de la page 40, sauf le bataillon d'instruction, qui est licencié ;

2° Les troupes de dépôt *(Ersatz-Infanterie)*, composées de 1 bataillon par régiment, soit 148 bataillons, et une compagnie de dépôt *(Ersatz-Kompagnie)* par bataillon de chasseurs et tireurs, soit 28 compagnies ;

3° Les troupes de garnison ou de landwehr (*Besatzungs-Landwehr-Infanterie*), composées de 258 bataillons de landwehr et 28 compagnies de réserve (*Reserve-Kompagnie*), à raison de une par bataillon formant corps.

Les troupes de campagne ont la même composition que sur le pied de paix, sauf les différences ci-après :

Il est créé un troisième second-lieutenant dans les compagnies qui n'en ont que 2 ; le nombre des sous-officiers est porté de 13 à 20 ; celui des clairons de 4 à 6 ; celui des *Gefreiten* de 12 à 24 ; celui des soldats de 99 à 199 ; ce qui donne, pour la compagnie sur le pied de guerre :

Officiers	5
Hommes combattants. . . .	249

Non-combattants :

Infirmier.	1
Soldats du train, ordonnances du capitaine, qui a alors 2 chevaux.	2

Un bataillon, infanterie ou chasseurs, sur le pied de guerre, comprend :

Officiers	22	
Sous-officiers		81
Tambours et clairons		25
Combattants, hommes de troupe		892
Ensemble		998 hommes,

auxquels il faut ajouter :

2 médecins, un comptable (monté) et 16 à 20 tambours ou clairons.

L'état-major du régiment reste constitué comme sur le pied de paix. Il en résulte que le régiment de 3 bataillons, sur le pied de guerre, comprend :

Officiers	69 ou 70	
Sous-officiers		244
Musiciens, ordinairement		10
Tambours et clairons		75
Hommes combattants		2,676
Total		3,005

combattants, auxquels il faut ajouter :

6 médecins, tous montés ;

3 infirmiers ;

3 comptables ;

3 armuriers ;

71 soldats du train, conducteurs de voitures ou de chevaux de main.

Les commandants de régiment ont 5 chevaux et 3 soldats du train ordonnances ; les autres officiers supérieurs 3 chevaux et 2 soldats du train ; les adjudants 2 chevaux et 1 soldat du train ; ce qui fait, pour l'ensemble du régiment, 121 chevaux de selle ou de trait, plus 22 voitures.

Les *troupes de dépôt* n'existent pas en temps de paix. Elles sont constituées au moment de la mobilisation à raison de 1 bataillon par régiment et 1 compagnie par bataillon de chasseurs ou tireurs.

Chaque bataillon de dépôt comprend :

Officiers	18
Sous-officiers	82
Tambours ou clairons	24
Troupe	896
Ensemble	1.002

hommes, auxquels il faut ajouter les employés habituels et une division *(Abtheilüng)* d'ouvriers tailleurs, cordonniers, selliers, etc., comprenant :

Officier	1
Elève-comptable	1
Sous-officiers	10
Ouvriers *(Handwerker)*	200

Une compagnie de réserve de chasseurs ou tireurs, comprend :

Officiers	4
Sous-officiers	18
Clairons	4
Chasseurs	177
Aide-médecin	1
Comptable	1
Infirmier	1

Division d'ouvriers :

Aide-comptable	1
Sous-officiers	4
Ouvriers	54

Les *troupes de garnison* comprennent :

a) La landwehr ;

b) Les compagnies de réserve des bataillons de chasseurs et tireurs;

c) Les régiments de campagne spécialement désignés pour faire ce service.

La landwehr se compose, comme il a été dit ci-dessus, de 258 bataillons que l'on groupe par 2 ou par 3 pour en constituer des régiments.

Ces troupes restent dans leurs foyers en temps de paix; les états-majors des bataillons ne sont organisés qu'au moment de la mobilisation. En tout temps, les troupes de la landwehr sont sous la direction d'officiers supérieurs appelés « Commandants de district de bataillon de landwehr » et assistés chacun de 1 lieutenant-adjudant, 1 sous-officier secrétaire et 2 soldats ordonnances.

Le personnel de chaque district de compagnie comprend seulement 1 sergent-major, 1 sous-officier et 1 *Gefreite*.

La landwehr est, en principe, affectée à la défense des places fortes et du territoire. Elle peut aussi, comme il arriva en 1870, être employée activement à l'armée. On la complète alors en hommes et en matériel, de la même manière que les autres troupes de campagne.

Les bataillons de la landwehr ne sont formés en régiments que quand cela est nécessaire.

Les *attributions des différents grades* sont généralement assez semblables à celles des grades correspondants dans l'armée autrichienne.

Le *Commandant du régiment* a les droits et les devoirs ordinaires d'un chef de corps; ces droits sont attachés à la fonction et non au grade, plusieurs régiments étant commandés par des lieutenants-colonels, qui ont sous leurs ordres d'autres lieutenants-colonels, simples commandants de bataillon. Il y a même des régiments de cavalerie qui sont commandés par des majors.

Le colonel absent est remplacé par l'officier supérieur, pourvu d'un commandement de bataillon, qui est le plus élevé en grade ou le plus ancien dans le grade le plus élevé. Le cinquième officier supérieur, qui n'exerce pas de commandement effectif, est ce que nous appellerions en France, *à la suite;* il remplace, à l'occasion, les commandants titulaires de bataillon.

En l'absence du cinquième officier supérieur, le commandant de bataillon est suppléé par le plus ancien capitaine *du régiment;* le chef de compagnie absent est suppléé de même par le plus ancien premier-lieutenant du *régiment.*

Les *Adjudants* sont des officiers du grade de second-lieutenant; ils sont les auxiliaires des commandants de régiment et de bataillon auxquels ils sont attachés; on peut dire que leurs fonctions consistent à se tenir constamment à la disposition de ces officiers supérieurs, comme font, en France, les aides de camp et officiers d'ordonnance des généraux.

Les *Médecins* sont des employés militaires jouissant des prérogatives de l'assimilation, depuis le grade de général de brigade jusqu'à celui d'enseigne porte-épée.

Les *Zahlmeister* sont des employés militaires comptables de bataillon n'ayant, au contraire, aucune assimilation : ils sont simplement classés dans la catégorie des employés ayant rang d'officier. Il en est de même des auditeurs (membres des parquets militaires), des fonctionnaires de l'intendance et des aumôniers.

La *compagnie* est une unité tactique et administrative. Elle se divise en un nombre indéterminé d'escouades *(Korporalschaften)*, au gré du capitaine. L'escouade est commandée par un sous-officier désigné par le capitaine. La réunion de plusieurs escouades forme une *Abtheilung* ou *Inspektion*, subdivision que le capitaine peut, *s'il le juge à propos*, placer sous la direction spéciale d'un officier.

Le capitaine est juge souverain de cette répartition. *Ordinairement*, il règle le fractionnement de sa compagnie en escouades et en inspections de manière à le mettre en concordance avec les prescriptions du règlement de manœuvres : les officiers et sous-officiers ont alors en permanence sous leurs ordres les hommes qu'ils doivent conduire à la manœuvre ou au combat.

Le *Capitaine* est responsable de l'administration et de toutes les parties du service; il utilise au mieux les aptitudes des officiers et sous-officiers sous ses ordres. L'instruction professionnelle des sous-officiers constitue une de ses attributions les plus importantes.

Il se fait aider, sur ce point et pour toutes les autres parties du service, par les *Officiers de compagnie*. Ces officiers alternent entre eux pour un service particulier de jour (en allemand : *du jour*) ou de semaine.

Le *Sergent-major* est chargé de la discipline, du service et de la comptabilité. Il est spécialement aidé, excepté en ce qui concerne la comptabilité, par le *Vice-Feldwebel*. Ce dernier est choisi parmi les sergents les plus méritants.

Les *Sergents* prennent rang après le sergent-major et avant les sous-officiers proprement dits.

Les *Enseignes porte-épée* sont des aspirants officiers que le capitaine emploie comme il le juge convenable.

Les *Sous-officiers* sont les subordonnés des sergents; ils commandent les *Korporalschaften* (escouades). Le capitaine répartit entre eux les services et les divers emplois.

L'un d'eux, sous le titre de *Kapitain-darmes* (capitaine d'armes), est garde-magasin de la compagnie; un autre, sous le titre de *Gewehr-Unterofficier*, est plus spécialement chargé de l'armement, des munitions et du tir; un autre, appelé *Fourrier*, est chargé du casernement et des vivres; un ou plusieurs autres, sous la dénomination d'*écrivains*, secrétaires *(Schreiber)*, sont employés aux écritures de la compagnie.

Les sous-officiers alternent entre eux pour le service de jour (en allemand : *du jour)*.

Les *Gefreiten* sont choisis parmi les hommes de troupe rengagés *(Kapitùlanten)* ou ayant au moins 18 mois de service. Ils sont les auxiliaires habituels des sous-officiers qu'ils suppléent à l'occasion et les supérieurs immédiats du soldat.

On les emploie à tous les détails du service journalier. Ils commandent les gardes de la place dans les postes peu nombreux : ils conduisent ordinairement les sentinelles en faction, etc. Ils alternent entre eux pour le service de jour (1).

---

(1) La plupart des renseignements relatifs à l'armée allemande sont extraits du livre du lieutenant-général *A. Von Witzleben : Heerwesen und Infänteriedienst des deütschen Reichsheeres.* (Organisation militaire et service de l'infanterie dans l'armée impériale allemande).

OBSERVATIONS

SUR LES PRÉLIMINAIRES

Après avoir fait connaître en détail l'organisation des troupes à pied en Italie, en Autriche et en Allemagne, il paraît inutile d'établir une comparaison d'ensemble entre les forces de ces trois puissances et celles de la France.

Remarquons seulement que :

1° Nulle part le lieutenant-colonel n'a d'attributions analogues à celles qui lui incombent chez nous. A l'étranger, cet officier est toujours commandant de régiment ou de bataillon.

2° Les adjudants-majors sont des officiers du grade de lieutenant,e xcepté l'adjudant-major en 1re en Italie, qui est capitaine. Indépendamment des adjudants-majors de bataillon, il y a partout un adjudant-major de régiment spécialement attaché au colonel, dont il est l'officier d'ordonnance; les adjudants-majors de bataillon sont les officiers d'ordonnance des commandants de bataillon.

Dans ces trois armées, le bataillon comprend, comme en France, quatre compagnies. Partout aussi, les compagnies sont commandées par un seul capitaine. Elles se subdivisent : les compagnies allemandes, en deux et trois pelotons; les compagnies italiennes et autrichiennes, en quatre, commandés, chacun, par un officier, excepté en Autriche, où le quatrième peloton est commandé par un *Cadet-suppléant-officier*.

Les effectifs des compagnies offrent de notables différences que fait ressortir le tableau ci-après :

ÉTATS.	CAPITAINES.	Lieutenants et sous-lieutenants.		Sous-officiers.		Caporaux.		Soldats combattants.		Effectif de la troupe, hommes des cadres compris.	
		PIED DE									
		paix.	guerre	paix.	guerre	paix.	guerre	paix.	guerre	paix.	guerre
Allemagne........	1	3 ou 4	4	13	20	12 (1)	24 (1)	103	205	128 (2)	249 (3)
Autriche..........	1	2	3 (4)	12 (5)	19	5 (1)	18 (1)	70	180	87 (6)	217 (7)
Italie.............	1	3	4	6 (8)	9	8	21	85 (9)	170	100	200
France...........	1	2	3	6	11 (8)	8	16	68	154 (10)	82	181 (11)

(1) Appelés *Gefreiten*.

(2) Auxquels il faut ajouter 1 infirmier et 3 ouvriers non armés.

(3) Auxquels il faut ajouter 2 ordonnances et 1 infirmier non-combattants.

(4) Auxquels il faut ajouter 1 *cadet-suppléant-officier*, commandant de peloton et comptant parmi les 19 sous-officiers.

(5) Y compris 1 *cadet-suppléant-officier*, 1 sergent-major comptable non armé et 5 *Korporale*.

(6) Auxquels il faut ajouter 5 tambours, clairons ou ordonnances d'officiers non armés.

(7) Auxquels il faut ajouter 15 tambours, clairons, pionniers, infirmiers et ordonnances d'officiers, non armés. — Les compagnies de chasseurs ont 4 caporaux de plus, ce qui porte leur effectif à 221 hommes.

(8) Dont 1 caporal-fourrier.

(9) Y compris les appointés, clairons et sapeurs.

(10) Y compris 4 tambours ou clairons.

(11) Ce nombre n'est qu'approximatif.

ÉCOLE DU SOLDAT

[illegible]

RÈGLEMENT ITALIEN

DIVISIONS GÉNÉRALES

Le *Règlement sur les exercices et évolutions des troupes à pied*, en Italie, porte la date du 4 décembre 1869.

Il a été révisé, en ce qui concerne l'ordre dispersé, par décision ministérielle du 1er mai 1873.

L'ancien règlement de 1869 et les « Modifications » du 1er mai 1873 ont été fondus en un texte unique à la fin de l'année 1874. C'est ce texte unique qui constitue le règlement aujourd'hui en vigueur, dont voici le titre officiel :

Règlement sur les exercices et évolutions des troupes à pied, contenant *le maniement d'armes avec le fusil modèle* 1870 (Vetterli), et *toutes les modifications intervenues jusqu'au* 31 *août* 1874.

Ce règlement forme deux tomes in-18 divisés ainsi qu'il suit :

TOME I. — Règles générales pour l'instruction :
Instruction individuelle ;
Instruction du peloton.

TOME II. — Evolutions de compagnie ;
Evolutions de bataillon ;
Evolutions de brigade ;
Prescriptions relatives aux revues, parades et honneurs funèbres.
Note explicative.

La « Note explicative » terminant le Tome II porte la date du 4 mars 1874. Elle contient des explications relatives aux « Modifications » du 1er mai 1873.

En voici la traduction complète, qui nous paraît infiniment mieux placée à la tête qu'à la fin du règlement.

NOTE EXPLICATIVE

sur l'application des modifications au Règlement d'exercices portant la date du 1er mai 1873.

Au mois de mai dernier, le ministère

de la guerre ordonna quelques modifications au règlement sur les exercices et évolutions des troupes à pied.

Ces modifications consistaient essentiellement :

1° Dans l'indication, comme règle, qu'au commencement du combat, lorsqu'il n'est généralement pas nécessaire de donner au feu son maximum d'intensité, la chaîne de tirailleurs doit être clair-semée : elle ne se compose alors que d'une seule escouade (1) par peloton : l'autre escouade se tient plus en arrière, en ordre fermé. Celle-ci, constituant le *renfort*, est toujours prête à entrer en action pour fortifier et compléter la chaîne au moment opportun.

2° Dans cette autre indication : que la formation normale de combat du bataillon en ordre mixte consiste à avoir sur le front deux compagnies en ordre dispersé. Chacune de ces compagnies se couvre, à

---

(1) En Italie, l'escouade est un demi-peloton ; voir page 6.

son tour, par deux pelotons, dont l'un est déployé et l'autre en renfort.

On se proposait ainsi de rendre habituel un ordre de combat doué d'une grande élasticité : composé de quatre lignes successives (chaîne, renforts, soutiens et gros ou réserve), lorsque la marche du combat et les conditions du terrain en conseillaient l'emploi, il pouvait ensuite être ramené à trois lignes, au moment opportun, par la fusion en une seule ligne de la chaîne et des renforts.

Les inconvénients d'un semblable ordre de combat n'avaient point échappé à l'attention du ministère. Il donne lieu à un véritable éparpillement de forces dès le commencement de l'action, disposition qui, en rendant plus difficile le maintien de l'ordre, restera un danger aussi longtemps qu'on ne pourra y remédier *par l'action de cadres nombreux et bien composés*. C'est pourquoi, dès la fin de juillet dernier, peu de mois après l'adoption des modifications, le ministère jugea opportun d'appeler sur elles l'attention des commandants de régiment, de brigade et de division. Il les invita à lui faire connaître les résultats obtenus par leur mise en pratique, et à lui soumettre telles propositions que l'expérience suggérerait.

Les rapports ainsi fournis constatent que la plupart des modifications ont été trouvées opportunes et que leur mise en pratique a réussi. Mais les opinions émises sont moins favorables en ce qui concerne la formation sur quatre lignes dont il est parlé ci-dessus, c'est-à-dire l'adoption des renforts. Il s'est encore trouvé cependant un grand nombre d'officiers qui en ont proclamé l'opportunité.

Ces divergences d'appréciation, fondées sur des raisons également sérieuses, prouvent qu'en fait de tactique, il ne saurait rien y avoir de complètement absolu. Elles donnent en même temps à penser qu'il ne serait pas opportun d'introduire de nouvelles modifications dans une question encore indécise; si bonnes qu'on les suppose, ces modifications ne paraissent pas pouvoir compenser le mal résultant de nouveaux changements.

En conséquence, le ministère — se réservant d'ailleurs de modifier le règlement dans des temps plus propices, en tenant compte des propositions déjà faites et de celles que l'expérience pourra suggérer encore — se borne, pour le moment, à édicter quelques prescriptions de nature à faire disparaître le principal inconvénient présumé : celui qui provient de l'adoption du renfort. Il y ajoute certaines explications destinées à faire mieux comprendre l'esprit des modifications du 1er mai 1873.

Il convient, avant tout, de déclarer qu'en adoptant un ordre normal de combat, le ministère ne s'est nullement avisé, comme on a paru le croire, d'imposer une manière fixe et invariable de disposer les troupes. Il a seulement voulu rendre réglementaire la formation qui est le plus applicable à la majorité des circonstances de guerre pouvant se présenter dans nos contrées accidentées. Il n'entra pas dans sa pensée de prescrire un ordre précis et géométrique, que l'on ne pût modifier suivant le terrain, le but à atteindre, la situation de l'ennemi, etc.; ni d'interdire l'emploi d'autres formations mieux appropriées à la variété des cas et des circonstances. Le commandant de détachement qui s'astreindrait aux formations normales dans les circonstances où d'autres dispositions de combat sont nécessaires encourrait, au contraire, un blâme sérieux, et il ne serait pas admis à alléguer, pour sa justification, qu'il s'est conformé aux prescriptions du règlement.

Ainsi, celui-là manquerait à ses devoirs qui, commandant un bataillon dans des circonstances où il suffit de couvrir le front par une seule compagnie, ne déployant elle-même qu'un seul peloton, affecterait néanmoins à ce service deux compagnies ou deux pelotons, sous prétexte que le règlement le prescrit ainsi ; ce serait se tromper encore de n'employer que deux compagnies en ordre dispersé et de ne déployer que deux pelotons dans les circonstances, pouvant se présenter pour un bataillon isolé, où il serait, au contraire, nécessaire d'employer trois compagnies et de déployer trois pelotons pour occuper un front plus étendu.

Quelques personnes ont cru découvrir dans les modifications relatives à l'ordre dispersé, une tendance à composer la chaîne de files équidistantes, à substituer, en un mot, une série de files plus ou moins contiguës, à la chaîne *de groupes* du règlement de 1869 : c'est encore une erreur qu'il y a lieu de rectifier.

Le n° 346 prescrit, à ce sujet, que l'intervalle entre les files peut être porté jusqu'à 6 pas; mais il ajoute qu'il devra être en moyenne de 3 pas et que l'on peut même le réduire à 2 seuls pas, ce qui revient à placer les hommes sur un rang et, pour ainsi dire, coude à coude. Le même numéro fait observer ensuite qu'en terrain découvert, ces mêmes intervalles ne peuvent être égaux entre eux, quand on s'attache à tirer un parti convenable des accidents de terrain; il indique ainsi implicitement qu'à l'occasion, deux, trois ou quatre files d'une même escadrille (1) devront être réunies sur le même point, les autres étant à quelques pas de là, ou que l'escadrille entière pourra rester groupée.

La même indication se retrouve d'une manière encore plus apparente au n° 364.

---

(1) L'escadrille est une demi-escouade.

prescrivant qu'on doit toujours laisser entre les escadrilles déployées un intervalle de 6 pas au moins, pouvant atteindre l'étendue du front entier d'une escadrille déployée. Elle apparaît enfin, plus manifeste encore, au n° 484, posant en principe que l'intervalle entre les escouades doit être ordinairement égal au front d'une escouade déployée.

D'après cela, les nouvelles modifications confirment évidemment mieux que ne le faisait l'ancien règlement, le principe en vertu duquel les escouades ne doivent jamais être contiguës, mais, au contraire, bien séparées les unes des autres : la chaîne se trouve alors formée en réalité d'une série d'anneaux parfaitement distincts.

On remarquera, de plus, que si les intervalles entre les files sont moindres que dans le règlement du 4 décembre 1869, les intervalles entre les groupes ont été, par contre, augmentés. Cette disposition offre plus de facilités pour renforcer, au besoin, la chaîne, sans s'exposer à l'inconvénient de mêler immédiatement les hommes de plusieurs escadrilles ou à celui de resserrer les intervalles dans les escadrilles déjà déployées pour faire place à celles de renfort.

En prenant connaissance des rapports fournis par les commandants de troupe, le ministère a acquis la conviction qu'on ne s'est pas toujours bien pénétré de l'esprit des modifications en ce qui concerne l'emploi du renfort, et que l'on n'a pas non plus toujours parfaitement compris le but en vue duquel il a été imaginé : c'était une sorte de combinaison permettant de ne pas exposer sans nécessité au feu de l'ennemi plus de troupes qu'il n'en faut en première ligne, combinaison essentiellement temporaire, destinée à disparaître dès que le combat prend quelque développement.

Il faut convenir toutefois que les prescriptions du règlement à ce sujet ne laissent point aux appréciations individuelles toute la latitude qui eût été désirable pour faire disparaître les inconvénients inhérents à l'emploi du renfort. D'autre part, il est nécessaire d'assurer le plus possible le maintien de l'ordre et de n'avoir que des formations simples, pouvant s'adapter à toutes les circonstances de combat. C'est pourquoi le ministère croit opportun de poser les principes suivants, conformément auxquels on devra, dans la pratique, modifier le règlement actuel :

1° Quand les circonstances conseillent de donner au feu de la chaîne une grande intensité dès le commencement du combat, on pourra déployer en une seule ligne le peloton tout entier.

2° Dans tous les autres cas — et ceux-ci sont les plus habituels — on ne déploiera en tirailleurs qu'une seule des escouades du peloton; l'autre escouade, celle qui, aux termes des modifications de 1873, devait constituer le renfort, sera réunie au soutien.

3° La distance entre la chaîne de tirailleurs et le soutien reste telle qu'elle a été fixée (1); on pourra, néanmoins, la diminuer pour un peloton agissant isolément.

4° Le commandant de peloton n'ayant

---

(1) 200 à 250 mètres. (Note du traducteur).

qu'une seule escouade déployée, dirige cette escouade; l'autre suit le sort du soutien.

5° Quand une seule escouade d'un peloton sera déployée et qu'il faudra renforcer la chaîne, on devra toujours y employer d'abord l'autre escouade du même peloton.

6° Une compagnie en ordre dispersé couvre normalement son front par deux pelotons entièrement déployés ou ne déployant qu'une escouade chacun, comme il est dit aux alinéas numérotés 1° et 2° ci-dessus; mais quand les circonstances de terrain ou de combat l'exigeront, on pourra, soit ne déployer qu'un seul peloton sur tout le front, soit en déployer trois.

7° L'ordre normal de combat du bataillon sera celui qui est indiqué par le présent règlement (1), soit deux compagnies en réserve et deux en ordre dispersé, chacune de celles-ci ayant deux pelotons en

(1) Voir Tome II, Evolutions de compagnie et de bataillon.

soutien et deux en tirailleurs. Mais cette formation normale de combat devra être modifiée suivant les circonstances, soit en n'employant qu'une compagnie en ordre dispersé, soit en en employant exceptionnellement trois (quand le bataillon agira isolément), soit enfin en modifiant, d'après les règles ci-dessus, la disposition des compagnies en ordre dispersé.

8° Les distances entre chaînes et soutiens et entre soutiens et réserves, comme aussi les intervalles entre les escadrilles et escouades déployées d'un même peloton ou de pelotons différents, restent tels qu'ils sont indiqués par le règlement; ces prescriptions n'ont cependant rien d'absolu ; ce sont de simples indications de principe dont il faut, autant que possible, ne pas trop s'écarter.

En ce qui concerne les intervalles de file à file dans les escadrilles et ceux d'escadrille à escadrille, il faut considérer qu'il y a moins d'inconvénients à resserrer les premiers, c'est-à-dire les intervalles de file à file, qu'à les trop ouvrir; il vaut mieux, au contraire, trop écarter les escadrilles entre elles, celles surtout de pelotons différents, que de les trop rapprocher. En les écartant beaucoup, on facilitera le renforcement de la chaîne, sans s'exposer à l'inconvénient d'entremêler des escadrilles de pelotons différents ou des files de plusieurs escadrilles.

Le règlement indique bien, il est vrai, qu'on peut éviter ces inconvénients en faisant serrer les files déjà déployées pour rendre disponible le terrain à occuper par les nouvelles escadrilles. Mais ce procédé n'est qu'un expédient pour le cas où la chaîne n'est pas trop en prise au feu efficace de l'ennemi et quand le terrain s'y prête; il devient vraiment dangereux et presque impraticable quand la ligne est vivement engagée, ce qui est précisément le cas le plus ordinaire, puisqu'on éprouve le besoin de la renforcer. Dans ces conditions, il y aurait à la fois inopportunité, maladresse et danger à faire serrer les invervalles, parce que, en déplaçant les tirailleurs, on les oblige à interrompre le feu au moment même où il faudrait, au contraire, lui donner plus d'intensité, afin d'attirer sur la ligne déjà établie l'attention et le feu de l'ennemi, et de permettre ainsi aux renforts de prendre position sans les exposer à trop de pertes.

On aura beau tenir les files des escadrilles aussi rapprochées que possible, on aura beau diriger les nouvelles escouades destinées à renforcer la chaîne vers les intervalles existant entre les escadrilles déjà déployées, on ne réussira pas à éviter que, dans le cours du combat, en renforçant successivement la chaîne par l'adjonction de troupes nouvelles, il n'arrive que des soldats appartenant non-seulement à des escouades, mais même à des compagnies et régiments différents, soient mêlés les uns aux autres sur la ligne des tirailleurs.

Ce mélange des troupes constitue, à n'en point douter, un inconvénient déplorable, bien fait pour engendrer la confusion; mais c'est un inconvénient inévitable, conséquence forcée de la manière de combattre actuelle. La seule chose que l'on puisse faire, c'est de chercher à en atténuer les effets.

Il sera bon surtout d'habituer la troupe à cet état de choses dès le temps de paix, parce que, ce qu'il y a de plus mauvais en ceci, c'est que ce désordre est chose toute nouvelle. Quand les troupes y seront habituées, quand elles assisteront, pendant les exercices de combat, à ce constant mélange d'hommes faisant partie d'escouades, de pelotons et de compagnies divers, elles ne seront plus ni impressionnées, ni troublées de voir des faits de cette nature se produire aussi pendant les combats véritables. Il sera également nécessaire de répéter souvent, pendant les manœuvres, les exercices consistant à mêler les escadrilles d'un peloton à celles d'un autre peloton et même à celles d'autres compagnies.

Un des inconvénients auxquels donnent lieu ces mélanges d'hommes et de troupes consiste dans l'incertitude où l'on tombe sur les droits au commandement : plusieurs officiers de troupes différentes se trouvant derrière la même chaîne, aucun d'eux ne sait lequel doit commander; les soldats ne savent pas non plus à quel chef ils doivent obéir. Il sera de règle, en pareil cas, que les officiers se répartissent derrière la ligne entière, et que chacun d'eux prenne le commandement direct de la fraction de ligne la plus voisine de lui, que les troupes composant cette fraction fassent ou non partie de son régiment, de son bataillon, de sa compagnie ou de son peloton; chaque escadrille devra de même obéir à l'officier qui est le plus près d'elle. Il est bien entendu que la direction générale de la chaîne appartiendra à l'officier le plus élevé en grade, quel que soit son corps, pourvu toutefois que les troupes ordinairement sous ses ordres soient présentes.

Reste encore un point des nouvelles modifications sur lequel il faut appeler l'attention : c'est le deuxième alinéa du n° 360, prescrivant que le chef d'escadrille doit faire feu en même temps que sa troupe. Bonne et exécutoire en principe, cette prescription n'a rien pourtant d'absolu; le chef d'escadrille doit rester libre de tirer avec ses hommes ou de ne pas tirer, suivant les circonstances. Dans certains cas, en effet, il fera infiniment mieux d'appliquer toute son attention à diriger le combat de l'escadrille entière, que de s'attacher à faire feu pour son compte personnel, si efficace, d'ailleurs, que puisse être son tir.

Rome, le 4 mars 1874.

ÉCOLE DU SOLDAT

RÈGLEMENT ITALIEN

RÈGLES GÉNÉRALES POUR L'INSTRUCTION

GÉNÉRALITÉS

I. Tout supérieur militaire est responsable de l'instruction tactique de ses subordonnés, d'après les règles fixées par le présent règlement.

II. Le commandant de compagnie est responsable de l'instruction de sa compagnie envers le commandant du bataillon: celui-ci est responsable de l'instruction de son bataillon envers le commandant du régiment, qui, à son tour, est responsable de celle du corps entier.

III. Le colonel règle la progression d'ensemble de l'instruction... Il veille à ce que chacun, dans sa sphère, y coopère utilement.

IV. Jusqu'aux évolutions de bataillon inclusivement, le colonel doit se borner à fixer le genre d'instruction, d'école, d'exercice à exécuter, la progression à suivre, l'emploi du temps et *les périodes à l'expiration desquelles telle ou telle école devra être terminée;* il laisse aux commandants de bataillon le soin d'en régler les détails. Les commandants de bataillon agissent de même avec les commandants de compagnie (1).

---

(1) Ainsi, la direction d'ensemble imprimée par le commandant du régiment rendra l'instruction générale régulière et uniforme, en même temps que la liberté d'action laissée aux commandants de bataillon et de compagnie sera une garantie de la bonne exécution des détails : manière de faire qui contribuera à développer à tous les degrés de la hiérarchie militaire cet esprit d'initiative qui est si nécessaire.

Toutefois, les chefs de corps et en général tous les

V. Sont modifiées ou abrogées toutes les dispositions réglementaires contraires aux prescriptions du présent règlement.

Instruction des officiers.

VI. Tous les officiers doivent savoir tout ce que contient le présent règlement, ainsi que l'*Instruction sur les armes et le tir*.

VII. Les colonels doivent savoir commander une brigade.

VIII. Tous les officiers supérieurs doivent savoir commander et enseigner les évolutions de régiment.

IX. Les capitaines doivent savoir commander et enseigner tout ce qui est contenu dans le présent règlement, jusques et y compris les évolutions de bataillon, et dans l'*Instruction sur les armes et le tir*.

---

supérieurs, conservent le droit et l'obligation d'étendre leur surveillance jusqu'aux plus minutieux détails, afin de pouvoir remédier à temps à ce qui ne se ferait pas bien. — (*Note du Règlement*).

X. Les officiers subalternes doivent savoir commander et enseigner tout ce qui est cont nu dans le présent règlement, jusques et y compris les évolutions de compagnie, et dans l'*Instruction sur les armes et le tir*.

XI. Les commandants des régiments d'infanterie de ligne et ceux des bataillons de bersagliers doivent, chaque année, vérifier l'instruction de leurs officiers.

A cet effet, chacun de ces commandants réunira au plus tard, en mars et par grade, les officiers inférieurs, qu'il aura soin de prévenir quelque temps à l'avance; puis, il les interrogera ou les fera interroger, en sa présence, par les officiers supérieurs. sur les matières contenues dans le présent règlement et dans l'*Instruction sur les armes et le tir*.

XII. L'officier qui ne satisferait pas à cet examen obtiendra un délai pour se préparer de nouveau. Mais si, au second examen, il est encore déclaré *non apte*, le commandant du corps devra immédia tement en référer au ministre de la guerre, par la voie hiérarchique.

XIII. Le commandant de régiment commande lui-même les évolutions de plusieurs bataillons; il assiste à celles de bataillon commandées par le lieutenant-colonel ou par les majors (1), et aussi quelquefois aux autres exercices, particulièrement à ceux de compagnie et de tir.

XIV. Le commandant de bataillon doit être présent aux exercices de ses compagnies lorsqu'elles exécutent les évolutions (2) de compagnie; il assiste au tir

---

(1) Dans l'armée italienne, le lieutenant-colonel n'a pas de fonctions spéciales. Il commande l'un des bataillons du régiment; les autres bataillons sont commandés par des officiers supérieurs appelés majors. — (*Note du traducteur*).

(2) Les deux mots *Instruction* et *Évolutions* ont, en Italie, la même signification que notre mot *École*, dans les expressions *École du soldat*, de *peloton* ou de *régiment*. Le Règlement italien dit : *Instruction individuelle, Instruction de peloton*, là où nous disons : *École de soldat* ou *de peloton*. Pour désigner les exercices des unités tactiques supérieures au peloton, il emploie le mot *évolutions : Évolutions de compagnie, de bataillon* ou *de brigade*. — (*Note du traducteur*).

à la cible et aussi, de temps à autre, aux exercices plus élémentaires.

XV. Le commandant de compagnie doit assister à tous les exercices de sa compagnie.

XVI. Les officiers de compagnie commandent eux-mêmes l'école de peloton et dirigent l'exécution du tir individuel. Ils assistent toujours aux instructions faites par les sous-officiers.

XVII. Le capitaine adjudant-major est responsable de l'instruction des troupes de l'état-major du corps. En cela, il se fait aider par les adjudants-majors en second, auxquels il confie un service analogue à celui des officiers subalternes dans les compagnies.

Instruction des sous-officiers et caporaux.

XVIII et XIX............

XX. On procède ainsi qu'il suit pour dresser les sous-officiers et les caporaux aux fonctions d'instructeur :

1° Dans chaque bataillon, tous les sous-officiers seront réunis en un peloton et exercés individuellement à commander l'instruction individuelle, celle du groupe et celle du peloton, de la même manière que s'ils instruisaient des recrues. Si on ne pouvait former avec les seuls sous-officiers un peloton suffisamment fort, on leur adjoindrait les caporaux les plus anciens du même bataillon.

2° Dans chaque bataillon, les caporaux seront également réunis en peloton pour être exercés aux fonctions d'instructeur dans l'instruction individuelle, de guide dans celle du peloton et aussi au commandement du groupe en ordre dispersé.

XXI. Ces instructions seront confiées à l'adjudant-major de chaque bataillon, sous la direction de l'adjudant-major en premier.

Peloton des élèves-instructeurs.

XXII. Les élèves-instructeurs ou élèves-caporaux forment également un peloton spécial confié aux adjudants-majors. Ils reçoivent la même instruction que les caporaux.

Instruction des recrues.

(XXIII à XXXVIII).

OBSERVATIONS. — Le règlement d'exercice prescrivait que l'instruction des recrues serait faite par compagnie ; il ordonnait aussi que cette instruction serait terminée en quarante jours.

Ces prescriptions ont été modifiées par le nouveau règlement sur le *Service intérieur* de l'infanterie, du 13 décembre 1874, chapitre IV, §§ 60 à 73.

Voici le résumé des règles définitivement posées par ce règlement et qui sont désormais seules en vigueur dans l'infanterie italienne :

Pour être admis à faire le service avec les anciens soldats, c'est-à-dire pour cesser d'être recrue, l'homme de recrue doit connaître :

a) Les instructions individuelle et du peloton, telles qu'elles sont détaillées dans le règlement d'exercice ;

b) L'instruction sur l'armement et l'école de pointage ;

c) Les devoirs généraux de tout militaire ;

d) L'entretien des effets ;

e) Les devoirs des sentinelles et la manière de reconnaître les rondes et patrouilles en garnison ;

f) Les exercices préparatoires du tir ;

g) Il doit aussi avoir fait, au moins, quatre marches militaires.

Les autres parties de l'instruction militaire sont données aux recrues en même temps qu'aux anciens soldats.

Les instructions sur les écoles de soldat et de peloton, ainsi que les marches militaires, sont faites par *bataillon;* les autres sont faites par compagnie.

Dans chaque bataillon, un capitaine désigné par le commandant du bataillon est chargé des recrues, en ce qui concerne les écoles du soldat, de peloton et les marches militaires. Il est assisté de deux lieutenants ou sous-lieutenants et d'un nombre suffisant de sous-officiers, caporaux et élèves-instructeurs.

Dans chaque compagnie, le capitaine répartit entre ses officiers les matières que chacun d'eux doit enseigner aux recrues.

L'instruction des recrues est poussée avec diligence, mais sans précipitation : en temps normal, elle doit être terminée en *neuf* semaines. De toutes façons, il faut que les recrues soient en état de prendre part aux exercices d'été avec les anciens soldats.

Les recrues ne sont admises au bataillon que sur la proposition du commandant du bataillon et par ordre du commandant du régiment. Avant de donner cet ordre, le commandant du régiment doit vérifier, *en personne*, toutes les parties de leur instruction : cet examen a lieu en présence des officiers du bataillon et de tous les officiers supérieurs du régiment.

En temps de guerre, l'instruction des recrues comprend tout ce qui est indiqué ci-dessus; mais on doit l'activer de manière à la terminer en *six* semaines.

Ce temps expiré, les recrues sont exercées aux évolutions de compagnie, à la marche, au service de sûreté en campagne, au tir à la cible et aux premiers exercices de combat.

Au bout de *huit* semaines, les recrues doivent être en état de marcher avec les bataillons mobilisés.

Reprise annuelle de l'instruction.

XXXIX. La reprise annuelle de l'instruction ne commencera plus par l'instruction individuelle, mais bien par celle du peloton. Toutefois, elle sera précédée des exercices élémentaires de gymnastique, alternant avec l'escrime à la baïonnette.

Les sapeurs du régiment sont réunis en un peloton pour recevoir une instruction spéciale (1).

---

(1) Le règlement relatif à cette institution a paru en

XL.........

XLI. S'il arrive que les compagnies ne soient pas assez fortes pour pouvoir exécuter isolément les évolutions de compagnie, le commandant du bataillon

---

1873. Il est intitulé : *Instructions pratiques spéciales pour les sapeurs d'infanterie et de cavalerie.*

Sous ce titre modeste, est développé un véritable cours élémentaire et pratique de fortification de campagne, ainsi qu'on pourra en juger par le simple énoncé des titres dont il se compose :

I. Fortification improvisée : petits ouvrages de fortification; défenses accessoires; défense des lieux habités; emploi de l'infanterie dans les siéges. — II. Des nœuds de cordages et de l'assemblage des bois de charpente. — III. Divers moyens de passer les rivières; petits ponts. — IV. Destruction et réparation partielles des voies de terre et de fer. — V. Travaux accessoires de campement : cuisines; puits; abreuvoirs; lavoirs; latrines; guérites; rateliers d'armes; baraques de campagne; petits fours. — VI. Outils et ustensiles.

Le tout accompagné d'un grand nombre de figures et dessins explicatifs.

Ce très excellent ouvrage a été traduit en français sous le titre de *Manuel du Sapeur d'infanterie*, par MM. Percin, Grillon et de Lort Sérignan, — 1 vol. in-18, avec 100 planches, — chez Tanera, rue de Savoie, 6, Paris. — 4 francs. — (*Note du traducteur*).

réunira les compagnies de chaque demi-bataillon (1).

Les commandants de ces deux compagnies commandent alors à tour de rôle. Les officiers subalternes et les sous-officiers seront, autant que possible, affectés aux pelotons formés par leurs compagnies respectives.

XLII. Les commandants de régiment devront régler l'instruction de manière qu'elle soit complètement terminée en juin, y compris les évolutions de plusieurs bataillons.

En conséquence, la reprise annuelle de l'instruction devra commencer dès que le climat et la température le permettent, même en hiver.

Remplacement des absents.

XLIII à XLVII. L'officier absent ou empêché est remplacé par le plus ancien dans le grade immédiatement inférieur.

XLVIII. Il est nécessaire que, de temps à autre, les officiers supérieurs soient

---

(1) Les bataillons italiens n'ont que 4 compagnies. — (*Note du traducteur*).

appelés à commander les évolutions de plusieurs bataillons, les capitaines les évolutions de bataillon, les lieutenants et sous-lieutenants celles de compagnie.

INSTRUCTION INDIVIDUELLE

Notions préliminaires.

1. L'instruction individuelle comprend :

I. L'instruction sans armes.

II. L'instruction avec l'arme.

III. L'instruction du soldat pour l'ordre dispersé.

2. Elle a pour but de familiariser l'homme de recrue avec les positions et mouvements que comporte l'emploi le plus efficace des armes, afin de le rendre habile à combattre en toute situation, soit seul, soit en troupe.

Elle est donc la base de l'éducation tactique de l'homme de recrue. Il est nécessaire qu'elle soit suivie avec le plus grand soin, d'après la progression et les méthodes fixées par le présent règlement.

3. Le même instructeur peut exercer de 8 à 10 hommes, dont la réunion constitue une *classe*.

Les positions et les mouvements sont enseignés d'abord à chaque recrue isolément et ensuite simultanément à toute la classe. Ces positions et mouvements se désignent par le commandement même qui est prescrit pour les faire exécuter. Ainsi, on dit, par exemple, *l'arme au pied (Pied arm), l'arme sur l'épaule (Spall arm)*.

4. Les commandements sont généralement divisés en deux parties : la première, dite d'*avertissement*; la seconde, d'*exécution*.

Le commandement d'avertissement (qui est distingué dans le texte par des caractères *italiques*) doit être prononcé *entier*, net, distinctement, d'un ton de voix proportionné à l'effort qu'il faudrait faire pour être entendu d'une troupe dont le front serait seulement le double de celle que l'on commande.

Le commandement d'exécution (qui est imprimé en caractères MAJUSCULES) se prononce plus fort, vivement et *tron-*

qué. En général, ces commandements sont des monosyllabes; quand ils sont de plusieurs syllabes, on appuie sur celle qui porte l'accent tonique.

On fait une courte pause entre le commandement d'avertissement et celui d'exécution.

5 à 12. L'instructeur se place de manière à être vu de tout le monde, à une distance ne dépassant pas l'étendue du front de la troupe.

Les mouvements se décomposent en *temps*. Au début, les soldats comptent chaque temps à haute voix.

On les amène petit à petit à exécuter tous les temps successivement, à la cadence du pas.

Instruction sans armes.

13. Cette instruction comprend :

I. *Positions et mouvements élémentaires.*

II. *Alignements.*

III. *Exercices élémentaires de gymnastique.*

14. Les hommes de recrue sont sur un rang, à un pas d'intervalle l'un de l'autre, chacun d'eux devant se considérer comme isolé.

15. Les mouvements élémentaires terminés, on fera resserrer les intervalles entre les recrues à 0m05, de coude à coude..... Les alignements se feront, dès le principe, avec l'intervalle minimum indiqué ci-dessus, *qui est l'intervalle normal entre deux files consécutives.*

POSITIONS ET MOUVEMENTS

ÉLÉMENTAIRES

Position sans armes.

Repos, faire rompre et réunir la classe.

16. Au commandement :

At—TENTION *(At—TENTI)*,

on prend la position suivante :

Les talons joints sur la même ligne, les pointes des pieds également ouvertes et distantes entre elles de la longueur du pied, les genoux tendus sans effort, le corps d'aplomb, la poitrine ouverte, les épaules effacées et à même hauteur, les paumes des mains tournées vers les cuisses, les doigts unis, le pouce détaché et collé sur la couture du pantalon, la tête naturellement droite, le regard dirigé en avant : cette position est dite *position normale*.

17 à 19. Pour faire reposer, rompre les rangs et réunir ensuite la classe, l'instructeur commande :

Re—POS (*Ri—POSO*).

Rompez les—RANGS (*Rompete le—RIGHE*).

En—RANGS (*In—RIGA*).

Manière de saluer.

20. Porter la main droite à la visière de la coiffure, la paume de la main tournée vers la terre, le coude à hauteur de l'épaule.

Faire face à droite, à gauche et en arrière, de pied ferme.

21 à 23. Les à-droite, les à-gauche, les demi-à-droite et les demi-à-gauche de pied ferme s'exécutent comme en France.

Pour faire front, on commande :

A droite (ou *à gauche*)—*FRONT*.

24. *En arrière — FRONT* (*Dietro-FRONT*) (face en arrière) :

1° On lève un peu la pointe du pied gauche et le talon droit;

2° On fait vivement un demi-tour *à gauche* sur le talon gauche et on reprend la position normale.

De la marche.

25. Il y a trois allures militaires :

I. *Le pas.*

II. *La course.*

III. *La course rapide.*

26. La marche commence toujours par le pied gauche.....

Quand la marche doit s'exécuter au pas, on n'indique point l'allure dans le commandement. En cas contraire, avant de faire le commandement de marche, on désigne l'espèce d'allure à prendre.

27. Le pas de l'infanterie de ligne a $0^{m}75$ de longueur, mesurés d'un talon à l'autre; sa cadence est de 120 par minute. Pour le pas des bersagliers, la longueur est de $0^{m}86$ et la cadence de 140 par minute(1).

---

(1) Quand les bersagliers marchent avec l'infanterie

Pour le faire exécuter on commande : *Peloton en avant—MARCHE.* *(Plotone avanti—MARCHE)* (1).

Le pas s'exécute avec une attitude dégagée et martiale, la tête haute, le regard fixé en avant, les épaules effacées, les bras pendant naturellement, et se balançant de manière à suivre le mouvement du corps.

28. *Changez le pas.....*

Course.

29. Dans la course, l'infanterie de ligne fait le pas de $0^{m}90$ de longueur, à la cadence de 170 par minute; les bersagliers le font de 1^{m}, à la cadence de 180. On emploie la course pour les mouve-

---

de ligne, ils règlent leur allure sur celle de cette dernière.

(1) Il est de règle que le commandement de Marche ne se fait que pour mettre en mouvement une troupe de pied ferme; il y a cependant une exception pour les conversions, dans lesquelles, bien que la troupe soit déjà en mouvement, on commande Marche pour faire exécuter le changement de direction.

ments qui exigent de la célérité, et on l'exécute au commandement de :

Peloton, course—MARCHE
(Plotone, di corsa—MARCHE)...

Course rapide.

30. Dans la course rapide, le pas n'a ni longueur, ni cadence déterminées. On ne l'exécute que peu de temps, quand il est nécessaire de marcher à toute vitesse.

31 à 33. *Changer d'allure; marquer le pas.*

Rien de particulier.

Pas en arrière.

34. Sa longueur est de $0^{m}50$, à la cadence de 75 par minute.

Arrêter la classe.

35. *Peloton—HALTE.*

Exécuter les à-droite, les à-gauche et les demi-tours en marchant.

31 à 41. Rien de particulier.

Alignements.

42. Les soldats sont à l'intervalle normal de 0^m05, de coude à coude.

L'instructeur commande :

A droite (ou *à gauche*) — *ALIGNEMENT.*
Destr (ou *Sinistr*)—*Riga.*

Et ensuite :

FIXE—(*FISSI*).

EXERCICES ÉLÉMENTAIRES

DE GYMNASTIQUE

43 à 48. Cette instruction a pour objet de vaincre la raideur que l'on rencontre généralement chez les hommes de recrue, de donner à leurs membres de la souplesse et de l'agilité, et de développer leur activité et leur force musculaire.

49 à 54. Les exercices élémentaires de gymnastique comprennent :

I. *Les positions gymnastiques;*
II. *Les mouvements élémentaires;*
III. *Les mouvements combinés;*
IV. *Les mouvements complémentaires.*

Les soldats étant sur un rang, à un pas d'intervalle, l'instructeur fait porter les numéros pairs trois pas en arrière. Pour reformer la classe, il fait porter les mêmes numéros deux pas en avant.

Positions gymnastiques.

55 à 57. Les positions gymnastiques sont au nombre de trois :

1° *A poings fermés* (*Mani a pugno*) : le soldat étant dans la position normale, ferme les poings avec force, le pouce en dehors.

2° *Les mains aux flancs* (*Mani al fianco*) : porter les mains sur les hanches, le pouce en arrière, les autres doigts en avant, les épaules effacées, les coudes aussi en arrière que possible.

3° *Les bras en arrière* (*Braccia a tergo*) : porter les bras en arrière, à 0m20 du corps ; empoigner le bras gauche au-dessus du coude avec la main droite ; empoigner ensuite le coude droit avec la main gauche de la même manière, sans déranger les épaules.

Ces trois positions sont, pour ainsi dire, fondamentales : les mouvements décrits ci-après sont exécutés trois fois, en partant successivement de chacune d'elles.

58 à 67. Il serait sans intérêt de donner le détail de tous les mouvements gynastiques décrits par le règlement. En voici le résumé :

Mouvements élémentaires.

58 à 61. *Détacher le pied droit* ou le pied gauche en avant, sur le côté, ou en arrière :

porter le pied gauche à $0^{m}50$ en avant du droit, le corps d'aplomb, le jarret droit tendu, le jarret gauche ployé verticalement, tout le poids du corps portant sur le pied gauche :

6 mouvements répétés successivement dans les 3 positions fondamentales.

62. *Ployer le corps*, en avant, en arrière, à gauche et à droite : 4 mouvements en partant de la position normale seulement.

63. *Sauter sur* les pointes des pieds, sur le pied gauche, sur le pied droit ou sur les deux pieds alternativement : 4 mouvements en partant de chacune des positions fondamentales.

64. *Projeter les bras* en avant, en arrière, sur le côté, en haut : 4 mouvements exécutés dans la position *à poings fermés* seulement.

65. *Fléchir sur place*, sur les deux jambes, sur la jambe gauche seule, ou sur la jambe droite seule : 3 mouvements répétés successivement dans chacune des positions *à poings fermés* et *mains aux flancs*.

66. *Rotation des bras* en avant ou en arrière : En partant de la position *à poings fermés* seulement.

67. *Lancer les jambes* en avant et en haut, la pointe du pied à hauteur de l'épaule : répéter ces mouvements dans chacune des trois positions fondamentales.

Mouvements combinés.

68 à 69. Répéter les mouvements élémentaires, en les combinant deux à deux.

Mouvements complémentaires.

70 à 75. Ce sont les suivants :

I. *Course de résistance :* les soldats parcourent au pas de course (n° 29) des distances allant en augmentant, jusqu'à 600 mètres.

II. *Course rapide ou d'émulation :* les soldats luttent entre eux, à qui parcourra, dans le moins de temps, des distances ne dépassant pas 200 mètres.

III. *Saut de pied ferme.*

IV. *Escalade :* exercice ayant pour objet d'apprendre aux hommes à s'aider les uns les autres pour franchir les obstacles qu'ils ne peuvent sauter.

V. *Voltige :* exercice identique au jeu que les enfants appellent saut de mouton : chaque soldat *franchit* son camarade en appuyant les deux mains sur les épaules de ce dernier.

INSTRUCTION AVEC L'ARME

77. Cette instruction a pour objet d'ap-

prendre au soldat le maniement et l'usage du fusil.

78 à 79. Elle se divise en trois parties :

I. *Positions avec le fusil.*

II. *Maniement d'armes.*

III. *Escrime à la baïonnette.*

Les soldats sont placés sur un rang, à intervalles serrés de 0^m05, de coude à coude.

OBSERVATIONS. — Avant d'entrer dans les détails du maniement d'armes, de la charge et des feux, il paraît opportun de donner quelques renseignements sur l'armement actuel de l'infanterie italienne.

Cet armement comprend :

1° Le fusil transformé, système Carcano, modèle 1867;

2° Le fusil neuf, système Vetterli, modèle 1870.

Le *fusil Carcano* est une arme de transition. On le remplace successivement par les fusils Vetterli, mais avec une certaine lenteur, les fonds alloués au budget pour l'armement étant très restreints.

La transformation Carcano dérive du système à aiguille prussien. Le canon est fermé à la culasse par un verrou; la détonation est produite par un ressort à boudin, mettant en mouvement une aiguille longue et fragile. La cartouche est en papier, à percussion intérieure et centrale, avec culot en carton, terminée par une rondelle en drap ou en caoutchouc, produisant une obturation souvent incomplète. La balle, évidée à l'arrière, se force par expansion.

Le tir n'a plus guère de précision au delà de 600 mètres.

La charge se fait en 4 temps : 1. Armer, — 2. Ouvrir le tonnerre, — 3. Mettre la cartouche, 4. Fermer le tonnerre.

Le *fusil Vetterli* est une arme neuve établie dans d'excellentes conditions de tir et de service :

Culasse mobile à verrou, avec percuteur court et résistant, mis en mouvement par un solide ressort à boudin; extracteur métallique, fonctionnant automatiquement. — Cartouche métallique, à percussion centrale, produisant une obturation toujours parfaite. — Balle comprimée.

Au point de vue du tir, le Vetterli est un peu supérieur au chassepot. Il se charge en 3 temps : 1. Ouvrir le tonnerre et armer. — 2. Introduire la cartouche. — 3e Fermer le tonnerre.

Il a été égalé et même, en certains points, dépassé par le nouveau fusil français, modèle 1874, système Gras.

POSITIONS AVEC LE FUSIL.

Maniement de l'arme, charge et feux.

80 à 175. Le règlement décrit d'abord en détail

chaque position : c'est ce qu'il appelle *Positions avec le fusil*. Il indique ensuite les commandements à faire et les moyens à employer pour passer d'une position à une autre : c'est ce qu'il appelle *Maniement d'armes*.

Le maniement d'armes n'a d'intérêt que pour ceux qui sont chargés de le commander ou de l'exécuter. Nous n'en dirons rien.

Quant aux positions, nous les résumons ci-après, en nous bornant à signaler les différences essentielles existant entre le règlement italien et le règlement français.

80. *L'arme au pied* (*Pied arm*).

81. *L'arme horizontale* (*Bilanc arm;* littéralement : l'arme *en balance*) :

L'arme horizontale, la bouche en avant, est soutenue à son centre de gravité par la main droite; le bras droit pendant naturellement.

82. *Croisez la baïonnette* (*Crociat et*) : le soldat est placé en demi-à droite, le talon droit à 0^m25 en arrière du gauche; l'arme inclinée en avant, le bout du canon à hauteur de l'épaule, la poignée sous le téton droit et la crosse sous l'avant-bras droit; la main gauche à la hausse, le pouce allongé sur la monture; la main droite à la poignée.

83. *L'arme sur l'épaule* (*Spall arm*) : se porte comme en France, mais toujours sur l'épaule *droite*.

84. *L'arme à la bretelle* (*Bracc arm :* litté-

ralement, *l'arme au bras*) : l'arme, suspendue à l'épaule droite par la bretelle, le bout du canon en l'air, est maintenue verticalement contre le corps par la main droite, le bras allongé, le canon en arrière.

85. *Présentez vos armes* (*Presentat arm*) : l'extrémité du canon légèrement inclinée à gauche.

86. *A genou* (*In ginocchio*) : comme en France.

87. *Repos* (étant à genou) : le soldat peut rester à genou ou s'asseoir.

88. *Assis* (*Seduto*) : le soldat est assis, à terre ou sur son sac, les jambes légèrement relevées, pour pouvoir appuyer le coude gauche sur le genou gauche.

89. *A terre* (*couché*) : le soldat, couché sur le flanc gauche, passe sa jambe droite à cheval sur la gauche.

90. *Repos* (*étant couché*) : le soldat se met à l'aise, le canon du fusil appuyé sur l'un quelconque des avant-bras.

91 à 99. *Apprêtez—armes* (*Pronti*) : à bras francs : prendre la position de *croisez la baïonnette* et armer ;

A genou, Couché, } comme en France.

Assis, le coude gauche appuyé sur le genou.

Joue (*Punt*) : dans les quatre positions, comme en France.

100. *Prière* (*Preghiera*) : l'arme au pied; le corps légèrement incliné en avant; le pied droit à $0^{m}25$ en arrière du gauche; la main gauche dans la position du salut.

On met et on enlève la baïonnette étant l'arme au pied.

La charge s'exécute au commandement de *Chargez* (*Caricat*). Elle se fait en cinq temps avec le fusil Carcano et en quatre avec le fusil Vetterli. (Voir page 103. Ici, le mouvement d'*apprêtez armes* est compté pour un temps).

Le commandement de *Feu* (*foc*) est toujours précédé de celui d'*attention* (*attenti*).

L'*inspection des armes* et la formation des *faisceaux* n'ont rien de particulier.

En résumé, nos positions du *port d'armes* et de *l'arme au bras* n'existent pas; mais les Italiens ont eu, plus que nous, les deux excellentes positions de *l'arme horizontale* et *l'arme à la bretelle*, dont ils font un fréquent usage.

Règles relatives aux positions avec l'arme et au maniement d'armes.

176. En règle générale, le sabre-baïonnette ne se met au canon que pour attaquer ou se défendre. Les sentinelles l'ont toujours.

177. Toute troupe en marche, quelle

que soit la façon dont elle porte l'arme, la met au pied sans commandement, lorsqu'elle s'arrête. *L'arme au pied* est aussi la position normale du soldat en sentinelle, qui, en principe, doit rester en place. Ce n'est que la nuit et par les temps froids, quand il lui est permis de se promener, que la sentinelle porte l'arme comme il est indiqué ci-après, n° 179, pour le soldat isolé; quand elle s'arrête, elle doit toujours mettre l'arme au pied.

178. Toute troupe qui se met en marche prend d'elle-même, à moins d'ordres contraires, la position de l'*arme horizontale*. Mais pour s'aligner, faire quelques pas en arrière, doubler ou dédoubler les files et dans les conversions de pied ferme, le soldat ne doit pas porter l'arme horizontalement. Il la conserve au pied, se bornant à soulever un peu la crosse au-dessus de terre.

179. Toute troupe marchant en ordre fermé et *au pas*, porte l'arme *sur l'épaule* ou *à la bretelle*. On peut aussi faire porter l'arme *horizontalement*, particulièrement dans les évolutions, mais

toujours sans sabre-baïonnette au bout du canon.

En ordre fermé, la troupe passant du pas *à la course*, porte l'arme *horizontalement* ou *sur l'épaule*, suivant que la baïonnette se trouve ou non au bout du canon.

En ordre dispersé, on porte toujours *l'arme horizontalement.*

Les sentinelles et les hommes armés marchant isolément peuvent, à leur gré, porter l'arme *sur l'épaule* ou à *la bretelle*. Toutefois, les sentinelles ne la portent qu'à *la bretelle* dans toutes les circonstances où elles seraient exposées à gêner la circulation en la tenant *sur l'épaule.*

180. Les soldats qui, marchant avec l'arme horizontale, doivent faire par le flanc ou face en arrière, ou doubler ou dédoubler les files, redressent l'arme verticalement au commandement d'avertissement, et la replacent ensuite horizontalement, une fois le mouvement terminé.

181. Toute troupe marchant au *pas de route* porte l'arme comme il lui plaît;

toutefois, les soldats s'abstiennent de la mettre en travers sur leurs sacs ou de toute autre manière pouvant gêner leurs voisins.

182. On ne présente les armes que pour rendre les honneurs, soit en troupe, soit isolément.....

183 à 184..........

185. Pour rendre les honneurs aux sous-officiers, les sentinelles restent ou se mettent l'arme au pied; de plus, elles donnent un léger coup sur leur arme avec la main gauche, à hauteur de l'épaule. Le soldat isolé fait de même quand il se présente à son supérieur.

186. La troupe en marche qui rencontre un supérieur ayant droit aux honneurs, dans les cas indiqués par le règlement sur le *Service intérieur*, conserve la position dans laquelle elle se trouvait sous les armes; mais les hommes tournent vivement la tête vers le supérieur en le regardant fixément et prennent une position régulière. Le chef de la troupe commande, à cet effet : *Attention — A DROITE* (ou *A GAUCHE*).

187. Dans les défilés, l'infanterie de

ligne porte l'arme sur l'épaule; les bersagliers la portent horizontale.

188. Les positions *à genou* et *couché* s'emploient aussi bien dans l'ordre fermé que dans l'ordre dispersé, pour cacher la troupe à l'ennemi et pour la garantir de ses coups.

La position *assis* ne s'emploie pas dans l'ordre fermé.

189. Les positions de *Apprêtez—armes* et *Joue*, soit debout, soit à genou, sont également bonnes dans l'ordre fermé et dans l'ordre dispersé.

190. Les mêmes positions, quand on est couché, ne s'emploient qu'en ordre dispersé.....

191 à 193.....

ESCRIME A LA BAIONNETTE.

Notions préliminaires.

194 à 200. Cette instruction a pour but de mettre le soldat en état d'employer efficacement son arme dans les combats corps à corps.

Elle se donne d'abord individuellement; l'instructeur explique le but et l'utilité de chaque mouvement.....

Le soldat connaissant chaque mouvement, on l'exerce à en exécuter deux ou trois successivement, mais jamais plus de trois.

L'instructeur prend ensuite une espèce de lance en bois, garnie d'un tampon à l'une de ses extrémités; puis, il feint d'attaquer le soldat comme pourrait le faire un adversaire armé d'une baïonnette, d'un sabre ou d'une lance : le soldat utilise les mouvements combinés qu'on lui a appris pour parer et riposter.....

Les lances de ce genre ont 0^m50 de longueur de plus que le fusil armé de sa baïonnette.

Pour dresser les soldats à frapper de leur baïonnette avec précision, on les exerce à diriger leurs coups contre des balles en étoupes, suspendues verticalement à des cordes, et placées à la hauteur où serait la poitrine d'un homme à cheval.

Formation de la classe.

201. Les soldats étant sur un rang, à 0^m05 d'intervalle, l'instructeur leur fait prendre des intervalles de cinq pas par le commandement de :

A cinq—PAS (*A cinque—PASSI*).

L'homme du centre, préalablement désigné par l'instructeur, reste en place:

les autres font à droite ou à gauche, prennent l'intervalle prescrit et se remettent face en tête.

202. L'exercice terminé, on fait serrer les intervalles par le commandement de : *SERREZ* (*SERRATE*).

Tous les hommes serrent sur le soldat du centre, qui reste immobile.

Mouvements contre l'infanterie.

(203 à 214.) (1)

203. *En—GARDE* (*In—GUARDIA*) :

Faire un demi-à-droite, la pointe du pied gauche légèrement rentrée, le pied droit en arrière et à 0m50 du talon gauche; les genoux un peu ployés; *le poids du corps sur la jambe droite;* le regard fixé sur l'adversaire; faire en même temps sauter l'arme dans la main gauche, *le canon à droite;* la main droite à la poignée, contre la cuisse, *le bras droit naturellement allongé;* le bras gauche légèrement ployé, la pointe de la baïonnette dirigée vers le visage de l'adversaire, *mais un peu à gauche.*

---

(1) Cette partie du Règlement est à la fois courte, simple, claire et précise. Elle mérite d'être lue avec attention. (*Note du traducteur*).

Les *pas* en avant et en arrière se font chacun de 0^m30 de longueur : ils servent à approcher l'ennemi ou à s'en éloigner et aussi à se dégager après un coup porté ou une parade faite.

Les *sauts* en avant ou en arrière ont un mètre de longueur : ils se font d'un seul bond, les pieds conservant toujours leur position relative.

Dans le *saut à droite* ou *à gauche*, le soldat, prenant appui sur le pied *gauche* ou sur le pied *droit*, doit gagner 0^m75 sur le côté et 0^m30 en avant.

211. *POINTEZ* (*PUNTAT*) : se fendre de la partie gauche de 0^m50, le jarret droit fortement tendu, sans bouger le pied du même côté ; donner un coup de pointe à la poitrine ou au flanc de l'adversaire, les deux bras allongés, le talon de la crosse à hauteur du teton droit.

212. *FEINTE* (*FINTA*) : simuler un pointé et reprendre la garde, pour inciter l'adversaire à se découvrir par une fausse parade.

213. *A droite* (ou *à gauche*), — *PAREZ* (*PARAT*) : repousser l'arme de l'adversaire, en faisant avec la main gauche une opposition de fer à droite ou à gauche.

214. *Parade dans la ligne basse* (*Basso Parat*) : renverser l'arme, la baïonnette vers la terre, le poing droit à hauteur du front.

Mouvements contre la cavalerie.

215 à 217. Comme contre l'infanterie, la pointe de la baïonnette menaçant le visage du cavalier.

Dans les *pointés*, on peut lâcher l'arme de la main gauche, en soutenant la crosse avec l'avant-bras droit.

Prescriptions pour le combat.

218. L'instructeur donnera les règles ci-après pour le combat à la baïonnette :

1° Le soldat ne fait usage de la baïonnette que quand son arme est déchargée et que le temps ou les munitions lui manquent pour la recharger.

2° Contre un fantassin, chercher à se placer plutôt plus haut que plus bas que l'adversaire, ou de façon que ce dernier ait le soleil en face. Pendant le combat, si on est serré de près par l'ennemi, se retirer obliquement en jetant un rapide coup d'œil sur le terrain à pourcourir, pour ne pas s'exposer à trébucher ou à tomber.

Contre un cavalier, s'abriter, s'il est

possible, derrière un fossé, une haie ou tout autre petit obstacle, et s'empresser de le repasser dès que l'ennemi l'a sauté ou tourné.

3° Quand on est menacé par deux ou plusieurs adversaires, se débarrasser promptement du plus voisin, en lui courant sus, si c'est nécessaire, plutôt que de rester sur la défensive et de se laisser envelopper.

4° Contre un cavalier armé du sabre, tenter toujours de se jeter sur son flanc gauche, par un saut à droite; si on n'y réussit pas, courir derrière la croupe du cheval. Le sabre étant plus court que le fusil, s'éloigner suffisamment pour pouvoir frapper sans être frappé. Ne pas se laisser intimider par les feintes ou moulinets que le cavalier ne manquera pas de faire avec son sabre; ne parer que quand on se voit près d'être atteint. Le sabre du cavalier, arme terrible contre qui fuit, ne touchera jamais celui qui veut se défendre.

Contre un lancier, se jeter au contraire, autant qu'on peut, sur sa droite par un saut à gauche. La lance étant plus longue que le fusil ou la carabine, faire en sorte de se rapprocher de l'adversaire. La lance n'est pas aussi formidable qu'elle le paraît au premier abord : pour le lancier isolé, elle est plus embarrassante qu'avantageuse.

5° Eviter un cheval lancé au galop, parce que, quand même on réussirait à le frapper, on n'en serait pas moins renversé par lui.

6° En général, blesser le cavalier plutôt que le cheval ; parfois, cependant, il peut être avantageux de frapper le cheval aux naseaux, pour contraindre le cavalier à prêter le flanc.

Chercher à atteindre les bras ou les jambes des cavaliers armés de cuirasses.

7° Retirer l'arme aussitôt après le coup porté, que la baïonnette ait ou non touché l'ennemi.

8° Quand un soldat a des bras particulièrement vigoureux, il peut, étant hors de portée de son adversaire (environ 4 pas), lui lancer un coup de pointe en abandonnant l'arme de la main gauche et en faisant un long pas en avant avec le pied droit. Avoir bien soin de retirer l'arme aussitôt et de se remettre promptement en garde.

POSITIONS ET MOUVEMENTS

AVEC LE SABRE, L'ÉPÉE ET LA BAÏONNETTE.

N° 219 à 227.

Rien de particulier.

Instruction du soldat pour l'ordre dispersé.

228. Un instructeur exerce de 8 à 10 soldats, placés sur un rang, à un pas d'intervalle.

229. Avant de commencer l'instruction, on indique aux soldats la position que l'on suppose occupée par l'ennemi, et on les avertit que les commandements de *En avant* et de *En retraite* se rapportent toujours à cette position; tandis qu'au contraire, les indications de *à droite* ou *à gauche*, désignent la droite ou la gauche du soldat, de quelque côté qu'il soit tourné.

L'allure habituelle sera le pas ; on emploiera aussi quelquefois la course.

230. La classe étant de pied ferme, l'instructeur fait exécuter à chaque soldat successivement, en laissant les autres en place, les mouvements ci-après :

231. EN AVANT :

Marcher droit vers l'ennemi, d'une allure dégagée, en portant l'arme horizontale.

232. EN RETRAITE :

De pied ferme ou en marche, faire face en arrière et marcher dans la direction opposée à celle que l'on suivait précédemment.

Si, pendant la marche en retraite, il est commandé EN AVANT, faire demi-tour et marcher vers l'ennemi.

233. *Oblique—A DROITE* (ou *A GAUCHE*) :

Faire un demi-à-droite ou un demi-à-gauche et marcher dans la nouvelle direction. Pour faire ensuite marcher le soldat vers l'ennemi ou dans la direction opposée, on commande EN AVANT ou EN RETRAITE.

234. *Par le flanc—DROIT* (ou *GAUCHE*) :

De pied ferme ou en marche, exécuter le mouvement de flanc prescrit et marcher du côté désigné. Pour reprendre la marche vers l'ennemi ou dans la direction opposée, on fait les commandements habituels de *En avant* ou *En retraite*.

235. HALTE :

S'arrêter en faisant face à l'ennemi, quelle que soit la direction de la marche et prendre position *debout*, *assis*, *à genou* ou *couché*, suivant le terrain.

236. Après avoir exécuté sur un terrain plan et découvert les mouvements ci-dessus indiqués, on les fait répéter en terrain varié et couvert; on enseigne en même temps au soldat à profiter des obstacles, abris et objets locaux d'après les règles données dans le règlement sur l'*Instruction tactique*.

EXTRAITS DU RÈGLEMENT

SUR

L'Instruction tactique des troupes d'infanterie.

Le règlement sur l'*Instruction* tactique des troupes d'infanterie *(Istruzione, per l'ammaestramento tattico delle truppe di fanteria)*, a été promulgué le 15 mai 1872.

Il se divise en sept parties, ainsi qu'il suit :

I. Ecole d'orientation.

II. Service de sûreté en campagne.

III. Exercices de tir.

IV. Exercices de marche.

V. Exécution en terrains variés des manœuvres et évolutions règlementaires.

VI. Exercices de castramétation et de retranchements de champ de bataille.

VII. Exercices de combat.

Ce règlement contient un ensemble de prescriptions généralement excellentes sur les procédés à employer pour dresser méthodiquement, en temps de paix, au service de guerre, les soldats et les troupes, depuis les plus faibles patrouilles jusqu'aux détachements composés de troupes des trois armes. Il est le complément obligé du règlement sur les manœuvres, et, à ce titre, il devait naturellement trouver place, au moins par extraits, dans une étude sur les exercices et évolutions des troupes à pied de l'armée italienne.

C'est pourquoi il a été jugé utile de dire quelques mots, dans le cours de ce travail, des prescriptions contenues dans les cinquième et septième parties du règlement sur l'*Instruction tactique*. Nous extrairons successivement de chacune de ces parties les indications relatives aux écoles du soldat, de peloton, de compagnie, etc., nous conformant ainsi à la méthode adoptée par les rédacteurs du nouveau règlement autrichien, qui ont inséré la plupart de ces prescriptions dans le corps même de leur règlement sur les manœuvres.

Ces extraits ne sont pas une traduction littérale, mais un simple résumé. Les personnes qui désireraient acquérir une connaissance plus approfondie du règlement italien sur l'*Instruction tactique*, devront lire les traductions complètes qui en ont été publiées par MM. les chefs d'escadron d'état-major Lemoyne et Durostu, l'une chez Berger-Levrault, l'autre chez Dumaine (1).

INSTRUCTION INDIVIDUELLE

Des abris : manière de les utiliser de pied ferme ou en marchant.

1° *De pied ferme.*

Pour le soldat, *prendre position*, c'est se placer de manière

(1) Chacune de ces traductions coûte 2 fr. 50.

A bien voir le terrain qui est en avant de lui et, autant que possible, sur ses flancs;

A pouvoir battre efficacement de ses feux toutes les parties de ce terrain ;

A se soustraire le plus possible aux coups ou, au moins, à la vue de l'ennemi.

Les digues ou remblais courant perpendiculairement à la direction d'où peut venir l'ennemi, les fossés, les routes en déblai ou en remblai, les sommets des hauteurs, les petites élévations, les tas de sable ou de pierres, les sillons profonds, sont des abris avantageux : le soldat s'y établit du côté opposé à l'ennemi ; il s'y tient debout, à genou, assis ou couché, suivant leur forme ou leur hauteur, en appuyant son arme sur leur sommet, pendant la mise en joue, pour augmenter la précision du tir.

Les terrains les plus plats et les plus découverts offrent généralement des ondulations et des plis dont le soldat peut tirer parti en s'y tenant à genou ou couché.

Les murs ou parapets en maçonnerie sont aussi de bons abris, surtout quand ils ont 1m 30 de hauteur ; s'ils sont plus élevés, il faut y pratiquer des créneaux ou y construire, du côté opposé à l'ennemi, une banquette sur laquelle le soldat se tient pour tirer.

Les troncs des gros arbres garantissent le soldat des coups directs, mais non des coups de flanc ou obliques ; le soldat s'embusque généralement à genou derrière eux.

Dans un bois, on serait trop en vue et trop exposé si on occupait la lisière elle-même ; il est préférable de se tenir un peu en arrière.

Les buissons, les haies, les moissons élevées, etc., dissimulent le soldat à la vue de l'ennemi, mais ne le garantissent qu'imparfaitement de ses coups ; lorsqu'on les utilise, il faut y chercher et y pratiquer au besoin des ouvertures permettant de voir en avant et de faire feu.

Le soldat évite les terrains plats et sans abris ; s'il est obligé d'y stationner, il s'y couche. Il ne peut utiliser son sac comme abri que lorsqu'il occupe une position inaccessible à l'ennemi, s'il est, par exemple, séparé de lui par un cours d'eau non guéable.

Les positions choisies doivent être telles que l'on puisse toujours en sortir à volonté, pour marcher en avant ou en retraite. Le soldat ne perd pas de vue qu'il doit, avant tout, être à même de faire feu avec efficacité : les considérations relatives à sa sûreté personnelle ne viennent qu'en seconde ligne.

2° *En marchant.*

Le soldat, en marche, doit s'efforcer d'avancer rapidement, tout en restant abrité, deux conditions qui, souvent, se contrarient.

Il traverse à la course les terrains plats et découverts, en faisant, s'il y a lieu, une courte pause tous les cent pas environ, pour reprendre haleine et en évitant de se baisser, habitude qui, dit le règlement italien, produirait un très mauvais effet moral.

Dans les terrains contenant de nombreux obstacles et abris, il faut marcher en ligne droite si l'on veut surtout aller vite ; il faut, au contraire, faire des détours et se transporter d'abri en abri, si l'on tient davantage à rester couvert.

Le soldat apprend à utiliser judicieusement en marchant, les fossés, les digues, les déblais, les remblais, les hautes moissons, etc.

Dans les hameaux et villages, il se tient sur l'un des côtés de la rue, observant les fenêtres et les portes du côté opposé.

En règle générale, le soldat traverse rapidement les endroits découverts, où il a plus de chances d'être vu et touché. Dans les endroits plus ou moins couverts, il profite de tous les abris pour se cacher, sans cependant jamais perdre l'ennemi de vue et en observant toujours le terrain par où l'on peut arriver sur lui.

Manière d'exercer le soldat à utiliser le terrain.

On exerce le soldat à utiliser les abris dont il vient d'être parlé. Cette instruction doit être essentiellement *pratique* : il faudra, par conséquent, conduire le soldat sur des terrains variés, véritablement pourvus des obstacles, abris ou accidents à utiliser. On exigera que le soldat prenne effectivement position à portée de chaque abri, comme il le ferait en présence de l'ennemi.

Cette instruction est donnée par compagnie, sous la direction et la responsabilité du capitaine. Celui-ci divise sa troupe en une ou plusieurs classes, suivant le nombre d'officiers et de sous-officiers dont il dispose.

Dans chaque classe, l'instructeur fait sortir un soldat du rang et lui indique la position supposée de l'ennemi. Puis, il lui ordonne de *prendre position* en avant, en arrière, à droite ou à gauche de l'emplacement qu'il occupe, dans un cercle de 15 pas de rayon environ, et de se placer de manière à pouvoir utilement faire feu contre l'ennemi et à se défiler en même temps, si possible, des coups ou au moins de la vue de l'adversaire.

Quand le soldat désigné a pris position, l'instructeur fait approcher la classe entière. Il examine l'abri choisi, la manière dont il a été utilisé, et fait, à ce sujet, les observations qu'il juge nécessaires, de façon à être entendu et compris par tous les hommes présents.

L'instructeur examinera ensuite s'il se trouvait, dans la zone de terrain où le soldat avait la faculté de se mouvoir, des abris préférables à celui qu'il a choisi. Il fera successivement occuper ces abris par le même soldat et expliquera pourquoi ils valent mieux que le premier.

Cela fait, l'instructeur fera sortir du rang un autre homme, à qui il ordonnera de marcher une centaine de pas en avant, dans la direction de l'ennemi : il lui laissera le choix de l'allure à prendre et lui recommandera d'utiliser les abris qu'il trouvera sur son chemin pour se protéger contre l'ennemi, en lui prescrivant de ne pas s'écarter de plus d'une quinzaine de pas à droite ou à gauche de la ligne la plus courte. Arrivé au point indiqué par l'instructeur, le soldat y prendra position.

Pendant que ce soldat sera en marche, l'instructeur fera remarquer aux autres comment il s'y prend pour avancer et pour s'abriter.

Le soldat étant arrêté et en position, l'instructeur conduira sa classe auprès de lui ; il fera aussitôt à haute voix les observations qui lui seront suggérées par la manière dont le soldat aura marché et par la position qu'il aura prise.

L'instructeur procèdera d'une manière analogue pour apprendre aux hommes à marcher en retraite et par le flanc.

Il interrogera fréquemment les soldats pour tenir leur attention éveillée, provoquera leurs demandes d'explications et félicitera, à l'occasion, ceux qui se feraient remarquer par leur discernement.

Ces exercices seront répétés sur divers terrains. Il sera bon aussi de modifier de temps à autre, sur le même terrain, la position supposée de l'ennemi, pour montrer au soldat comment change la valeur d'un même abri, suivant le parti qu'on en veut tirer.

RÈGLEMENT AUTRICHIEN

De toutes les puissances militaires de l'Europe, l'Autriche est celle assurément qui paraît avoir fait les plus constants efforts pour maintenir l'instruction de ses troupes en rapport avec les exigences, souvent variables, de la tactique moderne. Dans son *Etude comparée des règlements autrichien et prussien* (1), le capitaine

---

(1) *Die Kriegs-ausbildung unserer Infanterie im Vergleiche Zu jener Preuzens,* par Aloïs Ritter von Krainski, capitaine attaché à l'état-major général du ministre de la guerre, à Vienne, 1873.

A. von Krainski, attaché à l'état-major général du ministère de la guerre à Vienne, compte jusqu'à quarante règlements divers sur les exercices ou évolutions, le service et la formation des troupes à pied, en une période de 140 ans, de 1728 à 1868. Le règlement de manœuvres en vigueur à l'époque où écrivait cet officier datait de 1868 (1re partie) et 1872 (2e partie).

Au moment même où le capitaine Krainski faisait paraître son intéressant ouvrage, en 1873, le ministre de la guerre autrichien, Feldzeügmeister, baron von Kuhn, préparait un nouveau règlement de manœuvres, qui a été promulgué depuis, sous le titre de *Exerzir-règlement für die Kaiserlich-Kòniglichen Füss-trùppen,* Règlement d'exercices pour les troupes à pied Impériales et Royales.

Ce règlement est divisé en deux parties : la première, comprenant les écoles du soldat, de peloton et de compagnie, a été publiée en 1874. La deuxième partie, qui comprend les écoles de bataillon et de brigade, vient seulement de paraître (mars 1875). L'*Exerzir-Règlement* nouveau se divise en neuf titres :

Titre Ier. — Instruction individuelle du soldat.

Titre II. — Instruction du soldat dans le peloton.

Titre III. — Ecole de compagnie.

Titre IV. — Des gradés.

Titre V. — Exercices gymnastiques.

Titre VI. — Ecole du bataillon.

Titre VII. — Ecole de régiment.

Titre VIII. — Prescriptions relatives aux corps de troupes plus considérables.

Titre IX. — Du combat.

Chaque titre se subdivise en une ou plusieurs *parties ;* chaque partie en *paragraphes ;* chaque paragraphe en *points* ou *numéros*.

INTRODUCTION.

Le Règlement débute par une remarquable *Introduction* sur les procédés à employer et sur la marche à suivre pour l'instruction des recrues.

Il est essentiellement recommandé de ne pas fatiguer, ni rebuter le soldat en lui demandant, pendant les premiers jours qui suivent son incorporation, de trop grands efforts intellectuels et corporels. Il faut graduer les exercices de tout genre et n'en augmenter que progressivement l'importance et la durée ; il faut surtout éviter la monotonie en variant les exercices et en n'attendant pas que l'instruction soit parachevée sur un point pour passer à autre chose : le mieux est de développer simultanément les aptitudes du soldat dans toutes les parties du service à la fois.

Les recrues arrivent habituellement sous les drapeaux en automne. On en forme, dans chaque compagnie, un peloton, qui est confié à un officier ou à un suppléant-officier. En *huit semaines*, leur instruction doit être terminée : ils sont alors en état de prendre part aux exercices d'hiver de la compagnie et aux services habituels de garnison.

Pendant ces huit semaines, les recrues ont à apprendre ce qui suit :

Soins de propreté ; entretien des effets, de l'équipement et des armes ; paquetage ; service de caserne ; connaître personnellement les supérieurs immédiats, connaître au moins les noms des autres chefs ; connaître aussi la formation normale des troupes dont on fait partie. — Ecole du soldat et de peloton ; emploi du fusil comme arme à feu ; pointage ; tir à la cible ; règles générales du service de sûreté en campagne. — Principaux articles du code de justice militaire ; devoirs généraux du soldat ; service intérieur ; service de garde en garnison. — Sonneries et batteries règlementaires.

L'instruction pratique de l'homme de recrue est terminée quand il connaît l'école de peloton ; l'école de compagnie n'est pas faite pour lui ; elle n'intéresse que les gradés.

Pendant la durée de l'instruction, il doit être laissé régulièrement aux hommes, au milieu de la journée, un repos de trois heures consécutives.

Le règlement autrichien estime que l'on peut satisfaire à ces conditions en réglant de la manière suivante la progression et la durée des exercices.

Pendant les deux premières semaines, l'homme a, par jour, quatre heures de travail : trois heures d'instruction pratique, une heure d'instruction théorique. Il ne porte le fusil et l'équipement que pour aller à la place d'armes ou en revenir et pendant qu'on lui enseigne le maniement d'armes.

Pendant les troisième et quatrième semaines, le temps consacré à l'instruction pratique est augmenté d'une heure : le soldat a alors cinq heures de travail par jour. Il conserve le fusil et l'équipement pendant presque toute la durée des exercices ; il porte le sac une demi-heure chaque jour.

Pendant les cinquième et sixième semaines, le temps consacré à l'instruction pratique est encore augmenté d'une heure. Le soldat a alors six heures de travail journalier. Il porte le sac une heure par jour.

Pendant les septième et huitième semaines, le soldat n'a, comme précédemment, que six heures de travail journalier, mais ces six heures peuvent être exclusivement consacrées à l'instruction pratique. Il porte le sac en permanence et même quelquefois l'équipement de campagne au grand complet.

TITRE Ier.

Instruction individuelle.

Le titre Ier se subdivise en 13 paragraphes :

§ 1er. — Prescriptions générales pour l'instruction individuelle du soldat.

§ 2. — Position.

§ 3. — Mouvements de la tête.

§ 4. — A droite, à gauche et demi-tours.

§ 5. — De la marche.

§ 6. — Alignements.

§ 7. — Maniement d'armes.

§ 8. — Emploi du fusil comme arme à feu.

§ 9. — Emploi du fusil comme arme de choc.

§ 10. — Préparation du soldat au service de tirailleur.

§ 11. — Honneurs.

§ 12. — Des tambours et clairons.

§ 13. — Du pionnier d'infanterie.

Prescriptions générales. — Pour l'instruction individuelle, on réunit plusieurs soldats, douze au plus, sous les ordres d'un instructeur, assisté de deux sous-officiers, *gefreiten* ou anciens soldats déjà dressés.

L'instruction se donne d'abord sans armes et à chaque homme individuellement, mais de manière que tous les autres voient et entendent ce que l'on enseigne. On fait souvent répéter par un soldat les explications de l'instructeur, pour s'assurer qu'il les a bien comprises.

Quand l'homme de recrue est affermi dans les diverses positions, on les lui fait prendre avec le fusil, puis avec le sac et enfin avec l'équipement de campagne complet.

Il y a des commandements d'avertissement (*Aviso*) et d'exécution (*Kommando*).

Les indications relatives aux distances, à l'alignement et aux directions à suivre, se donnent toujours dans la langue même que parlent les hommes de recrue.

Ceux-ci doivent apprendre à connaître les sonneries et batteries réglementaires (*Signale*), et être exercés à obéir même aux simples signes qui leur sont faits.

Position. — La position du soldat sans arme est la même qu'en France, avec cette seule différence que les paumes des mains sont collées contre les cuisses, les pouces le long des coutures du pantalon.

Quand le soldat a son fusil, il le porte à l'épaule, comme il sera expliqué ci-après (page 148).

Les hommes sont placés d'abord à un pas d'intervalle. On les fait serrer ensuite à l'intervalle *normal*, qui est d'une demi-largeur de main, de coude à coude. Dans cette dernière position, le soldat complètement équipé et armé, occupe dans le rang un pas ($0^{m}75$) d'étendue.

On place un sous-officier, un *gefreite* ou un homme bien dressé à chaque aile du rang pour servir de guide (*Flügelcharge*).

Les hommes étant sur un rang, à une demi-largeur de main, si l'instructeur veut faire ouvrir les intervalles à un pas, il désigne le soldat qui doit être considéré comme occupant le centre du rang, puis il commande

Ouvrez (Offnen) :

L'homme du centre ne bouge pas ; les autres appuient vers la droite et vers la gauche pour prendre l'intervalle prescrit.

Si l'instructeur veut faire ouvrir les intervalles à deux ou trois pas, il commande

A deux (ou trois) *pas, ouvrez.*

Pour resserrer à une demi-largeur de main, l'instructeur commande

Serrez (Schliessen):

Ces prescriptions sont d'une application constante dans les manœuvres en ordre dispersé.

Le soldat est exercé ensuite aux *mouvements de tête* à droite ou à gauche, qu'il devra exécuter plus tard pour s'aligner.

A droite, à gauche, demi-tours. — Ces conversions se font sur le talon du côté vers lequel on tourne : le talon droit dans les à-droite, le talon gauche dans les à-gauche. Le soldat aide au mouvement en prenant appui sur le sol avec la pointe de l'autre pied ; celui-ci est rapporté ensuite à côté du premier.

En marche, les à-droite et les à-gauche s'exécutent toujours sur la pointe du pied qui est en avant.

Les demi-tours se font exclusivement à gauche, sur le talon gauche et la pointe du pied droit.

DE LA MARCHE.

Des différents pas. — Il y a quatre allures règlementaires :

Le pas ;

Le pas accéléré ;

Le pas de course ;

La marche en rampant *(Kriechen)*.

Le pas *(Schritt)*, se marche à la cadence de 115 à 118 pas par minute ; le pas accéléré *(Schnellschritt)*, à celle de 125 à 130 pas ; le pas de course *(Laùfs-chritt)*, à celle de 150 à 160.

Le pas et le pas accéléré ont 75 cent. de longueur ; le pas de course en a 90.

Principes du pas. — Les principes du pas sont très minutieusement règlementés.

Ils sont enseignés d'abord à chaque soldat individuellement. L'homme est sans armes ; il croise ses mains derrière le dos et exécute le pas en décomposant, aux commandements faits, sur chaque pied, par l'instructeur. Il est amené ainsi à marcher dans la cadence règlementaire, en comptant lui-même à haute voix.

Chacun sachant exécuter le pas individuellement, l'instructeur place les hommes sur un rang à un pas d'intervalle, les mains restant derrière le dos. Les hommes sont alors exercés à marcher tous ensemble, les uns derrière les autres, par le flanc, pour n'avoir pas à s'occuper de l'alignement. On leur fait marcher, changer et raccourcir le pas, en comptant à haute voix, et sans compter : l'instructeur se borne à leur rappeler, de temps à autre, la cadence; il peut aussi faire battre ou sonner la marche. Puis, il autorise les recrues à ne plus croiser les mains derrière le dos : les bras pendent et se balancent naturellement le long du corps, mais sans exagération.

Cela fait, on donne aux hommes leur fusil : ils le portent à l'épaule droite, suspendu verticalement par la bretelle, et laissent balancer leur bras gauche en marchant ; le bras droit maintient l'arme.

Marche de front. — C'est seulement après ces préliminaires qu'on passe à la marche de front.

Les hommes sont sur un rang, d'abord

à un pas d'intervalle, puis à demi largeur de main.

L'alignement se prend toujours à droite, sans qu'il soit fait, à ce sujet, aucune indication particulière dans le commandement. L'instructeur peut, par exception, faire prendre le guide à gauche; mais alors il doit l'indiquer dans son commandement.

Avant de mettre la troupe en marche, l'instructeur choisit en avant du rang un point de direction *(Directions—Object)*, très apparent, qui est ordinairement un arbre, une maison ou tout autre objet bien distinct.

Il commande ensuite :

1. *Pour marcher (Marschiren)*.

2. *Direction sur* tel arbre (ou telle maison, etc.)

3. *Rang (Glied)*. — *Marche (Marsch)*.

Les principes de la marche de front sont les mêmes qu'en France.

Pour affermir le soldat, l'instructeur lui fait exécuter, *en marchant*, les mouvements suivants : raccourcir le pas; tourner la tête à droite et à gauche; porter le fusil *en balance, renversé*, *à l'épaule*; baïonnette au canon; remettre la baïonnette; *en balance* avec la baïonnette au canon.

Ouvrir et serrer les intervalles. — Ces mouvements se font en marchant: l'homme du centre continue à marcher droit devant lui, les autres font des demi-à-droite ou des demi-à-gauche pour prendre leurs intervalles.

Le rang est ensuite exercé à exécuter les à-droite et les à-gauche en marchant.

La *marche oblique* se fait comme en France; l'instructeur a toujours soin d'indiquer le point de direction.

Marche de flanc. — Le rang étant de pied ferme ou marchant de front, lorsque l'instructeur veut l'exercer à la marche de flanc, il lui fait faire à-droite ou à-gauche et indique le point de direction.

Les hommes n'étant, de front, séparés les uns des autres que par une demi-largeur de main, devraient *emboîter* le pas pour marcher régulièrement après avoir fait par le flanc. Les rédacteurs du règlement autrichien ont pensé que cette manière de marcher n'est pas pratique, et ils ont prescrit qu'à l'instant où commence la marche de flanc, le guide de tête ferait seul le pas de 0m75 : les autres hommes raccourcissent le pas jusqu'à ce que chacun d'eux se trouve à une distance assez grande de celui qui le précède pour pouvoir marcher sans gêne le pas règlementaire.

Il en résulte que le rang occupe plus d'espace en marche par le flanc que quand il est de front.

Lorsque le rang marchant par le flanc est remis de front, le guide de tête seul fait front et s'arrête. Les autres hommes continuent à marcher et ne font front que quand ils se trouvent à une demi-largeur de main du soldat qui était devant eux pendant la marche.

Conversions. — Les conversions de pied ferme et en marchant se font d'après les mêmes principes : les hommes tournent la tête du côté de l'aile marchante et conservent leurs intervalles d'une demi-largeur de main (en France nous dirions : sentent le coude), du côté du pivot.

Quand le mouvement commence, le guide de l'aile marchante fait d'abord quelques pas droit devant lui ; il décrit ensuite, en continuant à marcher le pas de $0^{m}75$, un arc de cercle dont le développement est déterminé par l'étendue du front du rang. Le guide qui est au pivot se tourne vers le rang pour en suivre plus facilement le mouvement; il décrit un arc de cercle de 2 pas de rayon et raccourcit le pas de manière à se conformer au mouvement de l'aile marchante. Le front du peloton reste en ligne droite.

Marcher en rampant. — Le rang étant de pied ferme ou en marche à une allure quelconque, au commandement de :

Nieder (à terre),

les hommes prennent leur fusil dans la main droite, s'arrêtent et se couchent à terre instantanément. S'ils ont à marcher dans ces conditions, ils le font en rampant et en tenant leur arme dans la main droite, l'extrémité du canon en avant et en l'air.

Sammeln (Rassemblement). — L'instructeur apprend au rang à changer de position, homme par homme, successivement, chaque soldat marchant à l'aise, dans l'attitude exigée par les circonstances du moment, et portant son fusil de la manière la plus commode. Ce mouvement s'appelle *Sammeln*, mot qui veut dire se rassembler, se réunir, se grouper dans un endroit ou sur un point déterminé, et dont le sens précis n'est rendu qu'improprement en langage militaire par le mot français *rassemblement*.

Le *Sammeln* se fait soit en avant ou en arrière, soit sur la droite ou sur la gauche de la position primitivement occupée par le rang.

L'instructeur fait d'abord connaître aux hommes, dans leur langue nationale, et par l'une des indications ci-après, le point sur lequel doit s'effectuer le *Sammeln* :

A tant de pas, en avant, (à droite, à gauche ou en arrière).

Ou bien :

Dans tel fossé, ou encore : *sur* ou *près de tel point* (de telle maison ou de tout autre endroit ou objet).

Il commande ensuite :

Sammeln (rassemblement).

Puis :

Individuellement. — MARCHE.

Ou bien, si le mouvement doit se faire à une autre allure que le pas :

Individuellement, pas accéléré (ou de course). — MARCHE.

Au commandement de *marche*, l'homme de droite et, après lui, tous les autres successivement, en partant de la droite, se dirigent, à l'allure prescrite, vers le point indiqué, où ils s'établissent dans la formation primitive du rang, debout ou couchés, suivant les circonstances. Il ne faut rechercher, dans l'exécution du mouvement, ni ordre, ni ensemble ; le soldat aura soin surtout de se dissimuler à la vue de l'ennemi et de se garantir de ses coups en se couvrant, au mieux, des abris qui seront à sa portée.

Quand le *Sammeln* a lieu au pas de course, le soldat fait, tous les 50 à 60 pas, pour reprendre haleine, une courte pause, pendant laquelle il s'abrite comme il peut, en se couchant, au besoin.

Le point de rassemblement ne doit jamais être à plus de 150 à 200 pas de la position primitive du rang.

Pas en arrière. — La cadence du pas en arrière est la même que celle du pas ; sa longueur est moitié moindre.

ALIGNEMENTS.

Le rang s'aligne ordinairement sur place, entre les deux guides.

On peut aussi faire porter les guides quelques pas en avant, 6 au plus, pour tracer le nouvel alignement. Les guides s'y établissent toujours face au côté vers lequel on doit aligner.

Si les guides sont déjà sur la ligne, l'instructeur leur fait faire par le flanc, face du côté de l'alignement ; ils restent dans cette position : le rang entier, à l'exception des guides, recule de quelques pas, au commandement de l'instructeur. Celui-ci reporte ensuite le rang en avant, pour l'aligner contre les deux guides, comme il a été dit précédemment.

Renseignements sur les armes à feu portatives en service dans l'armée Austro-Hongroise.

Les armes à feu portatives aujourd'hui en service dans l'armée austro-hongroise sont de trois espèces principales :

a) Les anciennes armes, se chargeant par la bouche, transformées depuis au chargement par la culasse, d'après le système Wänzl, modèle 1867 ;

b) Les armes neuves du système Werndl, se chargeant par la culasse, modèle 1867 ;

c) Les armes du système Werndl, transformées, modèle 1873.

Il faut mentionner aussi les armes à répétition du système Frühwirth, dont la gendarmerie est seule pourvue, le fusil de rempart et les revolvers du système Gasser.

Les armes Wänzl ont une culasse à charnière, que l'on relève en avant pour charger ; elles sont pourvues d'une tige percutrice et d'un extracteur. Leur cartouche est métallique, à percussion périphérique, détonant en vertu du choc contre la tige percutrice, d'un chien faisant lui-même partie d'une platine ancien modèle à deux ressorts. La charge se fait en 5 temps. Le calibre est de 13mm90.

Ce sont de bonnes armes de transition,

aujourd'hui presque toutes retirées du service, mais conservées comme armement de réserve.

Les autres armes portatives de l'Autriche ont été décrites en détail dans la *Revue d'artillerie*, livraisons de mai, juin et juillet 1874, par M. le capitaine d'artillerie Colard : c'est au travail de cet officier que sont empruntés la plupart des renseignements suivants.

Les armes neuves, système Werndl, modèle 1867, sont *à barillet*, disposition ayant quelqu'analogie avec le mode de fermeture des fusils français transformés à tabatière. Elles sont pourvues d'un extracteur et d'une platine ancien modèle à un ressort, dont le chien agit directement sur un solide percuteur.

Les cartouches métalliques, du système Roth, sont à percussion centrale; leur étui est en tombak, mélange de 93 parties de cuivre et 7 de zinc; c'est l'étui de la cartouche qui produit l'obturation.

La charge se fait en 4 temps : 1. armer, — 2. ouvrir le tonnerre, en tournant le barillet de gauche à droite, — 3. introduire la cartouche. — 4. fermer le tonnerre.

L'appareil de hausse, assez semblable à celui du chassepot, modèle 1866, n'est gradué que jusqu'à 1,200 pas, 900 mètres.

Les armes Werndl, modèle 1867, comprennent : un fusil d'infanterie et de chasseurs, une carabine de cavalerie, un fusil et un mousqueton de troupes spéciales.

Adoptées avec quelque précipitation après la guerre contre la Prusse et l'Italie, ces armes, dont les propriétés balistiques laissent à désirer, ont subi, par la suite, certaines modifications de détail qui occasionnèrent l'établissement, en 1873, de nouveaux modeles, dans lesquels le barillet, l'extracteur, le système de percussion et la platine sont simplifiés, consolidés et perfectionnés, tout en conservant d'ailleurs les caractères généraux ci-dessus indiqués.

L'appareil de hausse est gradué jusqu'à 1,400 pas, 1,060 mètres.

La charge se fait en 4 temps.

La nouvelle cartouche ne paraît pas encore définitivement adoptée ; mais il est décidé, en principe, que les poids de la poudre et de la balle seront augmentés.

Aux points de vue de la solidité du mécanisme et des exigences du service de guerre, les armes Werndl sont excellentes ; mais leurs propriétés balistiques et la rapidité du tir restent toujours un peu inférieures à celles de la plupart des autres armes neuves.

La gendarmerie autrichienne est armée d'un fusil à répétition, système Frùhwirth, fermeture à verrou, cartouche métallique à percussion périphérique.

Le magasin, qui est situé sous le canon, contient six cartouches ; il y en a une septième dans l'auget et une huitième dans le canon. Cette arme peut donc tirer huit coups de suite sans être rechargée.

Il faut 12 secondes pour charger l'arme à 8 cartouches et 16 secondes pour les brûler.

La hausse n'est graduée que jusqu'à 600 pas, 420 mètres.

L'arme fonctionne à la volonté du tireur, comme arme à chargement successif ou comme arme à répétition ; elle est pourvue d'une baïonnette quadrangulaire.

Le fusil de rempart est du système général Wänzl; les expériences le concernant ne sont pas encore complètement terminées. Sa portée efficace n'est que de 1,200 mètres. Il se tire sur un trépied disposé de manière à amortir le recul.

Le revolver Gasser est à barillet et à tir continu; il contient six cartouches à percussion centrale, du système Roth. Le but en blanc est à 100 mètres; mais les difficultés de pointage et de mise en joue font qu'entre les mains d'un tireur ordinaire, ce pistolet n'a de précision que jusqu'à 40 mètres environ. Il existe deux modèles de revolver : l'un pour la troupe, pesant 1 k. 348, et l'autre pour les officiers d'infanterie, ne pesant que 0 k.770.

Pour plus de renseignements sur les armes à feu portatives de l'Autriche-Hongrie, voir ci-après les tableaux généraux.

Maniement d'armes.

Le maniement d'armes mérite quelqu'attention. Les Autrichiens n'ont pas les positions qui sont les plus usitées en France, celles du port d'arme, de l'arme au bras et de l'arme sur l'épaule ; par contre, ils en pratiquent qui nous sont complètement inconnues : celles de l'arme à l'épaule, l'arme renversée, l'arme en balance.

Le règlement n'indique la décomposition, en *temps*, d'aucun mouvement.

Voici le détail, aussi abrégé que possible, des principales positions :

L'arme à l'épaule (*Geschültertes Gewehr*). — Le fusil est suspendu presque verticalement à l'épaule droite par la bretelle, la crosse en bas, le canon en arrière, le coude droit maintient l'arme, l'avant-bras droit horizontal, la bretelle du fusil dans la main droite, qui reste à hauteur du coude.

L'arme en balance (*In die Balance*). — Le bras droit presque allongé ; la main droite tenant l'arme au-dessus de la hausse, la maintient à peu près verticalement le long du corps, la crosse ne touchant pas le sol ; la bretelle en avant ; la bouche du canon à environ 20 centimètres de l'épaule droite ; le bras gauche pendant naturellement.

Cette position, qui a beaucoup d'analogie avec l'ancien mouvement français de : *Descendez les armes*, s'emploie pendant la marche, pour reposer le soldat, dans les passages difficiles et au pas de course.

L'arme au pied (*Gewehr beim Füss*) : comme en France.

L'arme renversée (*Verdecktes Gewehr*, littéralement : le fusil couvert, abrité) : — L'arme est suspendue à l'épaule droite par la bretelle, la crosse en l'air. Cette position s'emploie par les temps de pluie, pour abriter l'appareil de fermeture de culasse, qui se trouve alors sous le bras droit, et la bouche du canon, qui est tournée vers le sol.

Mettre la baïonnette au canon et remettre la baïonnette : — Ce mouvement se fait en plaçant l'arme verticalement entre les pieds, comme en France, mais avec la bretelle en avant. Il s'exécute de pied ferme et en marchant.

Croiser la baïonnette (*Fällt das Bajonnet*) : — Le soldat reste placé carrément dans le rang, les deux talons sur la même ligne ; la main droite au-dessous de la hanche droite, tenant l'arme à la poignée, le bras allongé ; la main gauche tient l'arme au-dessus de la hausse, à hauteur de la ceinture, l'avant-bras collé au corps ; le canon tourné vers la droite, la pointe de la baïonnette à peu près à hauteur de l'œil. Les hommes sont exercés à croiser la baïonnette de pied ferme, en marchant et en courant.

Présenter les armes (*Präsentirt*) : — A peu près comme en France ; mais le fusil est tenu verticalement vis-à-vis la partie gauche de la poitrine.

Le règlement autrichien donne ensuite le détail des deux positions à prendre pour la prière et pour prêter serment, positions dans lesquelles le soldat, quoiqu'armé de son fusil, se découvre et tient sa coiffure (schako, chapeau ou casquette) dans la main gauche.

L'instructeur enseigne au soldat que, quand il est en tirailleur, il doit porter son fusil ordinairement sans baïonnette et de la manière la plus commode, soit en balance, soit sous le bras droit, la bouche en avant, le canon en dessous, pour éviter les miroitements du soleil sur les parties brillantes de l'arme. Le tirailleur peut encore porter son fusil dans la saignée du bras gauche, le canon tourné vers le corps, la main droite à la poignée.

Le soldat en tirailleur met de lui-même la baïonnette au canon dans les terrains couverts, les bois, les villages et généralement dans toutes les circonstances où il juge cette précaution nécessaire.

Emploi du fusil comme arme à feu.

Charge et Feux. — Au commandement d'avertissement de : *Pour charger* (*Laden*), le soldat ouvre la cartouchière qui est fixée à la partie antérieure du ceinturon, prend un paquet de cartouches dans sa giberne, le défait et place les cartouches dans la cartouchière.

La charge ne se décompose pas en temps.

Pour charger son arme, le soldat fait un demi-à-droite, porte le pied droit à un pied du gauche vers la droite et prend une position analogue à celle du règlement français :

Apprêtez-armes.

L'instructeur commande ensuite :

1. *Pour faire feu* (*Schiessen*).
2. *Apprêtez-armes* (*Fertig*).
3. *Joue* (*An*).
4. *Feu* (*Feuer*).

Après avoir fait feu, le soldat recharge son arme sans commandement.

Il est exercé à tirer obliquement vers la droite ou vers la gauche, en refusant ou en avançant l'épaule droite, mais sans bouger les pieds.

Il est exercé aussi à tirer sur des buts mobiles.

Les armes étant chargées, l'instructeur les fait décharger par le commandement de :

Otez la cartouche (*Patrone versorgen*).

Le feu peut avoir lieu à genou (*Kniend*), accroupi (*Hockend*), couché (*Liegend*). et assis (*Sitzend*).

La charge s'exécute au besoin en marchant ; mais on doit toujours s'arrêter pour viser et faire feu.

Manière d'utiliser le terrain. — Le soldat connaissant bien toutes les positions, on lui apprend à utiliser le terrain pour se couvrir et pour augmenter la justesse de son arme.

Les gros arbres servent à la fois d'appui dans le tir et de bouclier pour le tireur, qui place son fusil sur la face latérale droite de l'arbre, la main gauche soutenant l'arme contre le tronc. Les arbres de petite dimension n'abritent pas le tireur, mais ils peuvent servir d'appui.

Le soldat utilise les fenêtres, créneaux et autres ouvertures de même genre en appuyant son fusil, pendant la mise en joue, contre leur montant latéral gauche : son corps se trouve alors presque complètement à couvert.

Dans un fossé ou une dépression de terrain, derrière une éminence, un mur, une digue ou un parapet, le tireur se place debout, à genou ou couché, suivant la hauteur de l'abri, sur le sommet duquel il a toujours soin d'appuyer son fusil.

Les buissons, broussailles, haies vives, gerbes ou moissons élevées cachent le soldat à la vue de l'ennemi, mais ne le garantissent pas de ses coups. On peut les utiliser en se tenant accroupi ou couché et en se relevant, au besoin, pour tirer ; il est toujours prudent de changer de place après avoir fait feu.

Efficacité du tir. — La théorie et la pratique du tir, ainsi que l'appréciation des distances, sont enseignées par les procédés indiqués dans l'*Instruction* sur le tir (*Schiess-Instruction*). On complète l'éducation du soldat sur ce point, en lui faisant connaître le parti qu'il peut tirer de son arme, suivant son habileté, quand il combat en tirailleur ou dans le rang.

Le tirailleur ne doit faire feu que lorsqu'il sait avoir des chances d'atteindre un but déterminé.

Au delà de 200 pas (150 mètres), on ne tire plus contre des ennemis abrités dont on ne verrait que la tête ; au delà de 300 pas (225 mètres), on ne tire plus contre des hommes à moitié couverts.

Jusqu'à 200 pas (150 mètres), on ne doit jamais manquer un ennemi debout et à découvert ; un bon tireur a même des chances de le toucher jusqu'à 400 pas (300 mètres).

On tire jusqu'à 400 pas contre un cavalier isolé et même, si on est un peu exercé, jusqu'à 600 pas (450 mètres), contre un officier à cheval.

Les petits détachements ennemis et les colonnes de peu de profondeur sont à bonne portée jusqu'à 500 pas (375 m.); les colonnes plus profondes, celles de compagnie, par exemple, jusqu'à 600 pas (450 m.), et même, pour les bons tireurs, jusqu'à 900 pas (675 m.)

On peut tirer à de plus grandes distances sur l'artillerie en marche ; on vise alors les attelages. Quand les pièces sont en batterie, on vise de préférence les servants. L'artillerie est surtout vulnérable lorsqu'elle se met en batterie, ou qu'elle amène les avant-trains.

Le tirailleur n'est autorisé à commencer le feu sans commandement que dans l'un des trois cas ci-après :

1. Pour donner l'alarme ;

2. Pour sa défense personnelle ;

3. Quand se présente une occasion très favorable de faire feu sur un officier.

Salves et feux individuels. — Chaque soldat sachant exécuter isolément la charge et les feux, l'instructeur passe aux feux par rang.

Ceux-ci sont de deux espèces : les salves et le feu individuel.

Dans les salves, tous les hommes tirent ensemble, au commandement de l'instructeur.

Dans le feu individuel (*Einzelnfeüer*), chaque homme tire à volonté, comme s'il était isolé et continue ainsi jusqu'au commandement de : *Cessez le feu* (*Feüer-Einstellen*).

Avant chaque espèce de feu, l'instructeur indique, dans la langue que parlent les hommes, la distance et l'objet à viser :

Visez la colonne d'infanterie (ou tout autre objet), *à tant de pas.*

S'il n'y a pas d'objet saillant qu'on puisse viser, l'instructeur envoie au loin l'un des guides du peloton pour servir de but.

Les feux sont directs ou obliques ; le rang tire debout, accroupi ou couché.

Emploi du fusil comme arme de choc.

L'escrime à la baïonnette (*Bajonnet Fechten*), a pour objet d'apprendre à l'homme à se servir du fusil comme arme de choc.

Cette instruction se donne avec des fusils hors de service ou des lances de combat *(Fechtstange)*, ayant la longueur du fusil armé de sa baïonnette et terminées par de gros boutons d'étoupe garnis de cuir.

Pour habituer l'homme à diriger ses coups avec précision, on le fait pointer contre des balles de paille de 0m30 de diamètre, solidement ficelées et suspendues par des cordes, à 1m25 du sol.

L'escrime à la baïonnette est très sommairement décrite dans le règlement autrichien; elle ne comporte que les indications ci-après :

Garde. — Pour se mettre en garde, le soldat fait un demi-à-droite, porte le pied droit à un pied et demi en arrière du gauche, les pieds en équerre et croise la baïonnette. Contre la cavalerie, la position de la garde est la même, mais avec la pointe de la baïonnette un peu plus élevée.

Marcher en avant ou en retraite : pour se rapprocher de l'adversaire ou s'en éloigner.

Saut en arrière : — Pour éviter un coup de l'adversaire; la longueur du saut, qui se fait par les deux pieds à la fois, est de 0m75.

Attaque. — Mouvement semblable au *pointez* du règlement français; le soldat se fend en même temps de la partie gauche.

A droite et *à gauche, parez.* — Comme en France.

Contre un cavalier, il est bon de frapper d'abord le cheval à la tête; l'animal cherche alors à se dérober et l'assaillant en profite pour attaquer le cavalier, au moment où celui-ci présente le dos ou le flanc gauche.

Préparation du soldat au service de tirailleur.

Le soldat ayant terminé l'escrime à la baïonnette, sait désormais se servir de ses armes en toutes circonstances; il sait aussi utiliser les abris naturels que présente le terrain. Pour compléter son éducation, il reste à lui montrer comment il doit appliquer, dans le combat, l'instruction précédemment acquise.

Aux yeux du soldat, le combat a ordinairement pour objet soit de déloger l'adversaire de la position qu'il occupe, soit de l'empêcher de s'emparer de la position sur laquelle on est soi-même établi.

Dans tous les cas, l'action du soldat doit être préparée par un feu efficace. Le tirailleur aura d'autant plus de chances de succès qu'il réussira davantage à augmenter l'efficacité de son feu et à diminuer celle du feu de l'ennemi. Il augmentera les effets de son tir, en lui donnant le plus d'intensité aux distances les plus favorables; il diminuera les effets du feu de l'ennemi en utilisant judicieusement les abris du terrain.

Le soldat en tirailleur peut être appelé:

1° A s'approcher d'un adversaire plus ou moins couvert, à l'ébranler par son feu et à le déloger, en l'attaquant, au besoin, corps à corps à la baïonnette;

2° A marcher à la rencontre d'un adversaire s'avançant contre lui;

3° A attendre, embusqué, l'attaque de l'adversaire et à la repousser.

Ces diverses alternatives amènent forcément l'échec ou le triomphe de l'adversaire. Le soldat doit savoir que 'ans ce dernier cas, il lui est expressément interdit de *jamais battre en retraite sans un ordre formel de son chef.*

On fait toujours représenter l'ennemi par un ou plusieurs hommes, placés de 800 à 1,000 pas du rang et se tenant découverts, à demi-couverts ou complètement cachés, suivant les prescriptions de l'instructeur. Les hommes représentant l'ennemi peuvent, à l'occasion, tirer un coup de fusil pour indiquer que l'assaillant s'est compromis ou découvert sans nécessité.

Ces dispositions prises, on exerce d'abord le soldat à s'approcher d'un ennemi en position. On lui fait comprendre qu'aux grandes distances, de 1,000 à 800 pas, le tir ayant peu de précision, il lui est facile d'avancer avec une certaine rapidité, sans s'astreindre à rester toujours couvert. A partir de 600 pas et jusqu'à 400, il faut déjà prendre plus de précautions; de 400 à 200 pas, il est nécessaire d'utiliser tous les abris. En deçà de 200 pas, on n'avance plus qu'avec une extrême réserve, d'abri en abri, en rampant au besoin ou en courant à toute vitesse, pour passer d'un abri à un autre.

De cette manière, le soldat avance, pour ainsi dire, par bonds successifs, dont l'étendue diminue à mesure qu'on se rapproche de l'ennemi; il a soin, à chaque bond, de profiter des abris et surtout de donner à son tir son maximum d'intensité.

Ces exercices sont répétés par tous les hommes successivement et sur des terrains différents. L'instructeur ne conduit pas le soldat par la main : il lui laisse au contraire une certaine latitude, lui fait recommencer tout ce qui est défectueux et l'interroge souvent pour s'assurer qu'il agit avec discernement et non au hasard.

L'instructeur montre au soldat d'une manière analogue comment il lui faudrait procéder pour aller à la rencontre d'un ennemi marchant sur lui. Il lui prescrit enfin de prendre de lui-même position sur une ligne de défense et lui demande alors ce qu'il ferait pour s'opposer, de pied ferme, à l'approche d'un adversaire se présentant dans une direction déterminée.

C'est en battant en retraite que le tirailleur est le plus exposé à souffrir du feu de l'ennemi. On lui fera comprendre que le meilleur moyen de diminuer le danger consiste à s'embusquer derrière les abris les plus rapprochés et à s'arrêter pour faire feu, dès qu'on lui en donne l'ordre.

Honneurs militaires.

Chacun des titres du règlement autrichien contient un paragraphe intitulé : Honneurs militaires (*Ehrenbezeigùngen*). C'est l'indication des honneurs à rendre par la troupe aux supérieurs qui se présentent devant elle.

Ces prescriptions n'ont qu'un intérêt très secondaire, et nous ne nous y arrêterons pas.

Nous ne dirons rien non plus de ce qui concerne les positions et mouvements des tambours, clairons et pionniers.

TITRE V.

Exercices gymnastiques.

Quoique ces exercices ne viennent, dans

le règlement autrichien qu'après les écoles de peloton et de compagnie, il paraît convenable d'en parler immédiatement, parce que le règlement italien, dont la classification d'ensemble sert de base à ce travail, les a compris dans l'école du soldat.

Les exercices gymnastiques ont pour objet de développer la souplesse, l'agilité et les forces du soldat. Ils se divisent en exercices d'assouplissement, de course, de saut et d'escalade.

Ils se font d'abord en tenue de corvée; ceux de course et de saut ont lieu ensuite avec l'équipement et le fusil, puis avec l'attirail de campagne au complet. Ils ont pour complément la gymnastique proprement dite et la natation, qui sont réglementées par des *Instructions* spéciales.

Ce titre du règlement autrichien ne contient rien de particulièrement intéressant. Il a beaucoup d'analogie avec les parties correspondantes des règlements italien et français.

En commençant les exercices de course, le soldat ne fait le pas que de $0^{m}75$, à la cadence de 150 à 160 par minute. On l'amène progressivement à augmenter la longueur jusqu'à 0m90 et à accélérer la cadence jusqu'à 300 par minute. Le terrain sur lequel on court doit être plat, sec et non recouvert de sable; on ne fait jamais courir les hommes contre le vent.

La course ne peut durer plus de 2 minutes consécutives; on a soin de la faire alterner avec le pas, comme il est dit ci-après à l'école du peloton.

On termine les exercices de courses par des luttes de vitesse entre plusieurs hommes; le terrain à parcourir ne doit pas avoir plus de 80 à 100 pas d'étendue.

Les sauts se font de pied ferme ou avec élan, en hauteur, en largeur et en profondeur.

Pour escalader les obstacles de quelque élévation, les hommes se font les uns aux autres la courte échelle.

RÈGLEMENT ALLEMAND

Le règlement sur les exercices et évolutions des troupes à pied en Allemagne est intitulé :

Exercir-Règlement für die Infanterie der Königlich Preuzischen Armee, Règlement d'exercices pour l'infanterie de l'armée royale prussienne.

Il a été promulgué le 25 février 1847, sous le règne de Frédéric-Guillaume IV, frère et prédécesseur du roi Guillaume Ier. Depuis cette époque, le règlement prussien a subi plusieurs modifications, dont les plus récentes sont celles des 3 août 1870 et 19 mars 1873.

Le règlement d'exercices a pour compléments :

1° L'*Instruction* sur la gymnastique et le combat à la baïonnette (*Instruktion für den Betrieb der Gymnastik und des Bajonnetfechtens*) ;

2° L'*Instruction* sur le tir à la cible (*Instruktion über das Scheibenschiezen*) ;

3° Diverses *Instructions* sur le service des chemins de fer, le chargement et la conduite des voitures de munitions, le service de pionnier, celui de brancardier et la natation.

Les parties les plus intéressantes de ces instructions complémentaires ont été résumées ci-après, à la suite du règlement proprement dit sur les manœuvres.

L'*Exerzir-Règlement* se divise en cinq titres, ainsi qu'il suit :

Titre Ier. — Instruction individuelle du fantassin.

Titre II. — Du groupe et de la compagnie.

Titre III. — Du bataillon.

Titre IV. — Combat du bataillon ; considérations particulières sur la destination du troisième rang et sur l'emploi des colonnes de compagnie.

Titre V. — De la brigade.

TITRE Ier.

Instruction individuelle du fantassin.

Le titre relatif à l'instruction individuelle se divise en 3 chapitres :

Chapitre Ier. — Instruction sans arme.

Chapitre II. — Instruction avec l'arme.

Chapitre III. — Maniement d'armes des sous-officiers et officiers ; maniement du drapeau.

Instruction sans arme.

POSITION. — La position du soldat sans arme est la même qu'en France, avec cette seule différence que les bras, au lieu de pendre naturellement le long du corps, sont un *peu ployés*. Il en résulte que, quoique les hommes se tiennent dans le rang coude à coude, ils sont moins serrés et ont plus d'aisance pour le maniement d'armes et pour la marche.

A-droite, à-gauche, demi-tours. — Les à-droite et les à-gauche se font sur le talon gauche, en élevant un peu le pied droit.

Les demi-tours se font toujours à *gauche* et en deux temps : le soldat tourne sur le talon gauche et sur la plante du pied droit; il rapporte ensuite le talon droit à côté du gauche.

DE LA MARCHE. — Il y a trois allures règlementaires :

Le pas;

Le pas de charge;

Le pas de course (*der Trab*).

La longueur du pas est de 0^m80; sa vitesse est de 112 par minute.

La longueur du pas de charge est aussi de 0^m80; sa vitesse peut être accélérée jusqu'à 120 par minute.

Pour faire marcher le soldat, l'instructeur commande : *Bataillon* — MARSCH.

Les principes du pas sont absolument les mêmes qu'en France.

Le pas de course (*Trab*) est employé par le soldat pour se transporter promptement d'un point à un autre. Il n'est *ni marqué, ni cadencé :* on doit soigneusement éviter qu'il ne dégénère en une course folle.

Pour faire marcher l'homme au pas de course, on répète deux fois de suite le commandement d'exécution :

Bataillon — MARSCH, MARSCH.

Quand des troupes en ordre serré doivent se mouvoir à une allure rapide, elles ne peuvent le faire au pas de course, *Trab*, qui n'est ni marqué, ni cadencé : on emploie alors une sorte de pas gymnastique (*Laùfschritt*), dont les principes ne sont décrits que dans l'*Instruction sur la gymnastique*. (Voir ci-après, page 192).

Pour faire marcher une troupe au pas gymnastique, l'instructeur commande :

Bataillon, pas gymnastique, — MARCHE, MARCHE.

Les Allemands n'ont pas notre mouvement de *marquez le pas*. Ils le remplacent par celui de *raccourcissez* (le pas) : les soldats font alors le pas plus ou moins court, suivant les indications de l'instructeur.

Le *pas en arrière* leur est également inconnu : le soldat fait toujours demi-tour quand il doit marcher en arrière.

Pour gagner du terrain vers la droite ou vers la gauche, *sans avancer*, on emploi un pas particulier appelé *Schliezen* (appuyer), dont la longueur est de 0^m40. C'est un simple pas de manœuvre, d'ailleurs peu usité. Ce n'est pas précisément notre ancien pas oblique, puisque, en *appuyant*, le soldat ne gagne pas de terrain en avant; il n'en gagne que sur le côté. On s'en sert principalement pour aligner ou rendre contiguës deux ou plusieurs subdivisions déjà établies sur l'alignement, mais séparées entre elles, sur la ligne de bataille, par de courts intervalles que l'on voudrait faire disparaitre. On commande alors :

Vers la droite (ou la gauche), *appuyez*.

Cette première partie ne traite que de l'instruction *individuelle* : c'est pour ce motif qu'il n'y est pas question des alignements, ni de la réunion des hommes par rangs et par files.

Instruction avec l'arme.

Il est particulièrement recommandé de ne pas rechercher, dans le maniement d'armes, les chocs ou bruits cadencés que l'on appelle *attaques d'armes*.

Le règlement indique successivement les commandements à faire et les mouvements à exécuter pour passer d'une position à une autre. Il ne fait pas connaître la décomposition des mouvements en temps : il laisse cependant aux instructeurs la faculté de décomposer les mouvements de cette manière, comme ils le jugent convenable, mais pendant les premiers exercices seulement.

Il serait sans intérêt d'entrer dans tous les détails du maniement d'armes. Voici l'énumération des mouvements décrits par le règlement, avec indication des particularités les plus remarquables.

L'*arme au pied (Stellùng ùnter dem Gewehr)* : comme en France.

Port d'armes (Aùfnehmen des Gewehrs): dans le bras droit, comme en France.

Reposer l'arme (Abnehmen des Gewehrs).

Présenter l'arme (Präsentiren des gewehrs) : à peu près comme en France, sauf que l'arme est tenue verticalement, non pas vis-à-vis le milieu du corps, mais vis-à-vis la cuisse et l'épaule gauches.

L'*arme sur l'épaule (das Gewehr übernehmen)* : en partant du port d'armes et de l'arme au pied. Le soldat porte toujours l'arme sur l'épaule *gauche;* il ne la porte sur l'épaule droite que pour se reposer, ou quand il marche au pas de route. Le soldat ayant l'arme sur l'épaule gauche, revient ensuite au port d'armes ou l'arme au pied.

Inspection des armes (Nachsehen des Gewehrs).

Formation des faisceaux *(Züsammensetzen der Gewehre)* : mouvement naturellement très différent du nôtre, puisque l'infanterie allemande se forme ordinairement sur trois rangs.

Charge (Chargirüng). Le règlement suppose que le soldat, avant d'exécuter la charge, a toujours l'arme sur l'épaule; on peut aussi exceptionnellement charger l'arme en partant du port d'armes ou de l'arme au pied. L'instructeur commande :

Bataillon, soll chargiren — GELADEN. *(Préparez-vous pour charger* — CHARGEZ.)

Des feux (Schiezen), dans la position debout seulement. On commande :

1. *Apprêtez* — ARMES (FERTIG).
2. JOUE (*Legt* — AN).
3. FEU (FEUER).
4. CHARGEZ (GELADEN).

Ces commandements s'exécutent à peu près comme en France. Pour ce qui concerne les détails de la charge et les propriétés balistiques du fusil Maüser, voir ci-après, page 202.

Le règlement d'exercice ne dit rien des positions du tireur à genou, assis ou couché. (Voir page 201).

Croiser la baïonnette (das Fällen des Gewehrs), en partant du port d'armes ou de l'arme sur l'épaule : le soldat est en demi-à-droite, le pied droit à 0m40 du gauche, sur la droite ; la main droite tient le fusil à la poignée, la main gauche le tient au centre de gravité, le coude gauche appuyé au corps, l'arme presque horizontale, la baïonnette un peu plus élevée que la crosse : en prenant cette position, le soldat *arme son fusil* avec la main droite, pour être prêt à faire feu. Il résulte de cette dernière prescription que l'instructeur ne doit pas négliger de faire désarmer avant de remettre les soldats au port d'armes ou l'arme sur l'épaule.

L'*arme à droite*, pour l'attaque *(Zür Attacke Gewehr* — RECHTS) : à ce commandement, le soldat, supposé marcher à l'assaut, étant au port d'armes ou l'arme sur l'épaule, passe son arme à droite, dans la main droite, qui la saisit au centre de gravité, la baïonnette en avant, le bras droit presque allongé, le bras gauche pendant naturellement.

Cette position a beaucoup d'analogie avec celle de l'*arme horizontale* ou de l'*arme en balance* précédemment décrites (pages 110 et 161). Le soldat continue à marcher ainsi jusqu'au commandement de : *Croisez la baïonnette* (*Fällt das* — GEWEHR), qui est fait au moment où l'on va joindre l'ennemi.

Le soldat allemand porte habituellement l'arme sur l'épaule gauche, de pied ferme ou en marche. Il la conserve dans cette position même après le commandement de *halte*, à moins d'ordre contraires.

L'homme marchant avec l'arme sur

l'épaule doit laisser au bras un mouvement naturel d'oscillation. Ce mouvement n'est interdit que quand le soldat est au port d'armes ou qu'il défile *en parade* avec l'arme sur l'épaule.

Maniement d'armes des sous-officiers et officiers. — Maniement du drapeau.

Ce chapitre ne contient absolument rien d'intéressant.

Il se termine par de courtes observations recommandant d'éviter de fatiguer l'homme de recrue en le retenant trop longtemps sur les mêmes exercices : il est bon de varier les sujets d'instruction et de faire alterner convenablement les mouvements de marche, le maniement d'armes, le dressage du soldat au service de tirailleur, même en terrain varié, et la gymnastique.

Instruction sur la gymnastique et le combat à la baïonnette.

Pour se rendre exactement compte du système d'instruction suivi en Allema-

8.

gue, il est nécessaire de connaître, au moins dans leur ensemble, les *Instructions* relatives à la gymnastique, à l'escrime à la baïonnette et au tir, qui, quoique ne faisant pas partie du règlement de manœuvres proprement dit, n'en exercent pas moins une influence fort appréciable sur les aptitudes militaires du soldat.

Les prescriptions relatives à la gymnastique et au combat à la baïonnette sont réunies dans une même *Instruction* portant la date du 21 octobre 1860, et se divisant en trois parties :

I. Exercices élémentaires (sans armes et avec armes);

II. Exercices avec appareils, instruments et machines;

III. Combat à la baïonnette.

Le chef de compagnie est responsable de l'enseignement de la gymnastique comme des autres parties de l'instruction. Il le confie à un officier de sa compagnie ayant, autant que possible, fait à ce sujet des études spéciales.

Tous les officiers doivent connaître la théorie de la gymnastique ; les plus jeunes doivent pouvoir en pratiquer les exercices.

Les sous-officiers sont tenus de connaître la théorie et la pratique. Ils sont les instructeurs obligés du soldat. On les fait aider par les anciens soldats les plus capables.

Les hommes de troupe sont répartis en trois classes, suivant leurs aptitudes.

La gymnastique étant une instruction de détail, on ne doit l'enseigner qu'à un petit nombre d'hommes simultanément, 8 à 10 au plus. Il ne faut pas exiger du soldat le même ordre, ni la même discipline que pour les autres exercices.

I. *EXERCICES ÉLÉMENTAIRES sans armes et avec armes.* — Les exercices élémentaires se font d'abord sans armes *(Freiübüngen)*, et ensuite avec le fusil *(Gewehrübüngen)*.

Les exercices sans armes se divisent en *exercices de pied ferme* et *exercices en marchant*.

Les premiers ont pour objet de fortifier et d'assouplir les muscles et articulations des pieds, des jambes, des mains et du cou. Ils comprennent :

Les mouvements des pieds et des jambes, ainsi que les sauts de pied ferme ;

Les mouvements du corps ;

Les mouvements des bras et des mains ;

Les mouvements de la tête.

Les exercices élémentaires sans armes en marchant comprennent : le pas, la course et les sauts.

Le pas de course *(Laüfschritt)*, qu'il paraît convenable d'appeler pas gymnastique, pour le distinguer de la course proprement dite *(Trab)*, a $0^{m}83$ de longueur : se cadence est de 165 pas minute et peut être portée jusqu'à 175.

Il ne faut tout d'abord le faire marcher que pendant une minute ou deux aux hommes de recrue. Plus tard, ces hommes peuvent faire 4 minutes de pas gymnastique et ensuite une pause de 5 minutes au pas ordinaire, en tenue de corvée.

Mais, en tenue de campagne, le soldat, complètement équipé et armé, ne doit pas marcher à une allure accélérée pendant plus de 16 minutes, coupées ainsi qu'il suit :

2 minutes au pas gymnastique ;
5 — ordinaire ;
2 — gymnastique ;
5 — ordinaire ;
2 — gymnastique.

Le soldat marchant au pas gymnastique, porte l'arme sur l'épaule *droite*, la main droite à la poignée ; il saisit avec la main gauche le fourreau de son sabre *(Faschinenmesser)*, dont il ramène le bout en avant.

Les sauts s'exécutent de pied ferme ou avec élan, de diverses manières.

Les exercices élémentaires avec le fusil se font avec les deux mains ou avec une seule main.

Dans le premier cas, le soldat tient le fusil horizontalement devant lui, la main gauche à la grenadière, la main droite vers le tonnerre, à une *largeur d'épaules* de la gauche, le canon tourné vers le corps, les coudes au corps, les avant-bras horizontaux. Les mouvements consistent à étendre les bras horizontalement et verticalement, à élever et à abaisser le fusil à bras tendus.

Pour les exercices avec une seule main,

le soldat saisit son fusil à la grenadière, le coude au corps, l'avant-bras horizontal, le fusil suspendu verticalement, le canon tourné vers le corps. Dans cette position, le soldat fait des mouvements de bras en avant, en arrière, en haut, sur le côté, etc., le fusil restant toujours vertical. Le bras qui ne soutient pas l'arme pend naturellement le long du corps.

II. — *LES EXERCICES AVEC APPAREILS, instruments et machines* consistent en exercices de suspension, d'équilibre, de rétablissement, de voltige, de saut, de force... etc., constituant ce que l'on peut appeler la gymnastique proprement dite.

Les appareils et instruments mis à la disposition de chaque bataillon sont les suivants :

Deux poutres horizontales ;

Une poutre oscillante ;

Une table-échelle-sautoir ;

Un portique ou une poutre-portique avec cordes, perches et échelles ;

Un sautoir et un fossé à sauter.

III. — *LE COMBAT A LA BAIONNETTE* est une escrime véritable, aussi soigneusement réglementée que l'est, en France, l'escrime à l'épée.

Chaque compagnie dispose d'un matériel d'exercice dont voici le détail :

30 fusils, avec baïonnettes terminées par des boutons en fer, dont 10 sont garnis de tampons de cuir ;

6 masques de visage en fil de fer ;

6 plastrons en fort cuir protégeant la poitrine et l'abdomen ;

5 paires de gants de peau, sortes de moufles sans doigts, destinées à protéger à la fois la main et le poignet.

L'escrime à la baïonnette se divise en 3 parties :

1. — École sans armes ;

2. — École avec le fusil et contre un adversaire ;

3. — Assaut.

L'école sans armes peut être enseignée à plusieurs hommes à la fois ; les deux autres écoles sont, au contraire, enseignées individuellement.

On apprend d'abord aux hommes quelques définitions : coups ou attaques, parades, ripostes. Quand un tireur ne se couvre pas parfaitement, il présente ce que les Allemands appellent une *Blöze*, mot n'ayant pas d'équivalent en français, sorte de *brèche* permettant accès à l'arme de l'adversaire pour toucher le tireur mal couvert.

Quand deux tireurs font assaut, l'emplacement occupé par chacun d'eux s'appelle *Aùslage :* c'est la position, le poste d'où le tireur pare ou attaque; l'espace libre entre les deux tireurs s'appelle *Mensùr :* c'est le terrain sur lequel on combat.

Les deux adversaires en garde vis-à-vis l'un de l'autre doivent avoir leurs talons sur la même ligne droite : cette ligne est la *ligne de combat;* le plan vertical qui la contient est le *plan de combat*.

L'espace compris entre le fusil du tireur et son épaule droite s'appelle *brèche intérieure;* l'espace compris entre le fusil du tireur et son épaule gauche s'appelle *brèche extérieure*. Le tireur se couvre : *extérieurement*, en ramenant son fusil vers l'épaule gauche ; *intérieurement*, en le ramenant vers l'épaule droite. Le tireur doit être exercé à voir quelles *brèches* lui offre l'adversaire ; il doit savoir aussi quelles *brèches* il laisse lui-même ouvertes contre sa personne.

Quand les deux adversaires croisent le fer, ils sont engagés *intérieurement* si les deux fusils se laissent réciproquement à gauche, *extérieurement* dans le sens contraire.

Quoique tous ces détails n'offrent que peu d'intérêt, il a paru nécessaire de les consigner ici pour bien faire comprendre l'importance que les Allemands attachent à l'escrime à la baïonnette : pour eux, cette escrime n'est pas seulement un exercice gymnastique, c'est aussi et surtout une véritable préparation au combat individuel.

Ecole sans armes. — La position de la garde est sensiblement la même qu'en France : les talons sont à une *largeur d'épaules* l'un de l'autre ; la ligne des hanches et celle des épaules doivent être soigneusement maintenues dans le plan de combat. Lorsque le soldat ne porte pas l'arme, il place ses deux mains sur les hanches.

On apprend au soldat à exécuter les à-droite, les à-gauche, les demi-à-droite, les demi-à-gauche, les pas et doubles pas en avant et en arrière, ainsi qu'à se fendre pour attaquer. On lui fait de temps à autre exécuter un ou plusieurs *appels* du pied gauche, pour l'habituer à porter le poids du corps sur la jambe qui est en arrière.

École avec le fusil et contre un adversaire. — Lorsque le soldat est armé, la position de la garde reste telle qu'elle est décrite ci-dessus : l'homme tient son fusil dans la main gauche, près de la grenadière, les ongles en dessus, le coude gauche appuyé au corps, l'avant-bras horizontal. La main droite saisit l'arme à la poignée ; cette main n'a pas de place fixe : elle est un peu en avant ou un peu en arrière, un peu au-dessus ou un peu au-dessous de la hanche droite, suivant les circonstances, mais de manière que la pointe de la baïonnette se trouve toujours à hauteur des yeux de l'adversaire.

On apprend au soldat à exécuter les coups et les parades, qui sont de deux sortes : en dedans et en dehors du plan de combat. Le soldat est ensuite exercé à attaquer en se fendant et en faisant un pas en avant.

L'instructeur rectifie toujours la position avant de laisser reprendre la garde.

Quand le soldat est affermi dans ces divers exercices, l'instructeur se place devant et lui prescrit d'exécuter, contre sa personne, les différents coups, en le visant à la poitrine. L'instructeur évite les premiers coups en reculant ; puis il se laisse toucher plusieurs fois et finit par parer régulièrement.

Le soldat exécutant convenablement les coups et parades au commandement de l'instructeur, celui-ci l'exerce à les exécuter sans commandement : à cet effet, il se découvre intentionnellement et habitue le soldat à profiter de la *brèche* ainsi ouverte pour porter le coup approprié à la circonstance ; l'instructeur attaque lui-même le soldat et exige qu'il se couvre par la parade règlementaire ; il lui montre également l'emploi des *feintes*.

Ces leçons, qui constituent ce que le règlement appelle l'*Ecole contre un adversaire,* se donnent suivant une progression déterminée, et avec la lenteur nécessaire pour que l'élève exécute et surtout *comprenne* parfaitement tout ce qu'on lui fait faire.

Assaut. — L'assaut est l'exécution d'un combat simulé ; c'est le couronnement de l'instruction.

Le règlement se termine par des prescriptions relatives à certains cas particuliers, ceux, par exemple, où le soldat, attaqué de près par derrière, doit se défendre à coups de crosse ; ceux aussi où il lutte contre un adversaire placé sur un terrain plus élevé que lui, ou dans une excavation, ou encore contre un homme à cheval.

Les règles pour le combat contre un cavalier ont beaucoup d'analogie avec celles que contient le règlement italien. Pour simuler avec quelque vraisemblance ce dernier genre de combat, il est recommandé à l'instructeur de monter sur une table, autour de laquelle se tient le soldat supposé lutter contre un homme à cheval.

INSTRUCTION SUR LE TIR

Cette *Instruction* contient tout ce qui est relatif à la théorie et à la pratique du tir, aussi bien en garnison qu'en présence de l'ennemi.

Il était nécessaire d'en dire ici quelques mots, parce que le règlement sur les manœuvres est muet sur les diverses positions que le soldat doit prendre soit pour augmenter la précision de son tir, soit pour se soustraire aux effets du feu de l'ennemi.

L'instruction sur le tir décrit en détail les positions du soldat debout, couché, assis ou à genou, tirant à bras francs ou sur appui.

Il n'y a pas lieu d'y insister, les prescriptions de ce genre étant à peu près les mêmes dans tous les règlements. Mais il est intéressant d'entrer dans quelques considérations sur les armes à feu portatives actuellement en service en Prusse et en Bavière.

Aujourd'hui, l'armement des troupes prussiennes est en voie de transformation. Les anciennes armes, du système Dreyse, sont successivement retirées du service et remplacées par des armes nouveau modèle, du système Maùser.

Les armes du système Dreyse se chargent toutes par la culasse ; elles comprennent :

a) Le fusil à aiguille d'infanterie, modèle 1862 ;

b) Le fusil à aiguille de fusiliers, modèle 1860 ;

c) La carabine à aiguille de chasseurs, modèle 1865, à double détente ;

d) Le fusil à aiguille de pionniers, modèle 1869 ;

e) Le mousqueton à aiguille de cavalerie, modèle 1857 ;

f) Le fusil de rempart à aiguille, modèle 1865.

Ces armes, dont le mécanisme est compliqué et l'obturation incomplète, étaient fort inférieures, sous tous les rapports, aux armes se chargeant par la culasse adoptées, depuis 1866, dans la plupart des armées européennes.

Les Prussiens songeaient à les modifier et avaient même déjà arrêté un système de transformation quand éclata la guerre de 1870. Le fusil ainsi transformé prit le nom de modèle 1870 ; mais sa fabrication ne commença qu'en 1871.

Dans ce fusil *(Aptirtes Zündnadelgewehr)*, l'obturation est produite, comme dans le chassepot, par une rondelle en caoutchouc. Le calibre du canon est resté le même qu'autrefois, $15^{mm}43$; mais celui de la balle a été réduit à 12^{mm}. La balle repose sur un sabot de même calibre que le canon, qui pénètre dans les rayures et communique au projectile le mouvement ordinaire de rotation. La cartouche est en papier ; la charge se fait en 5 temps.

Le fusil à aiguille transformé est pourvu d'un appareil de pointage donnant les hausses jusqu'à 1,200 mètres ; mais le tir n'a plus guère de régularité au delà de 800 mètres. Les Prussiens, tout en le conservant comme arme de transition, ont étudié une arme neuve dont le type fut définitivement adopté il y a deux ans.

Les armes du nouveau système, dit système Maùser, comprendront les mêmes types que celles du système Dreyse, c'est-à-dire, un fusil d'infanterie, une carabine de chasseurs à double détente, un fusil de pionniers, une carabine de cavalerie et un fusil de rempart.

Le fusil d'infanterie est dès aujourd'hui en service, sous la dénomination de fusil modèle 1871. Les Prussiens se sont donné longtemps le ridicule de vouloir tenir secrets les détails de fabrication. Mais ces prétendus secrets sont tombés bientôt dans le domaine public, et la *Revue d'artillerie* a publié, en septembre 1874, une description complète du fusil Maùser, à laquelle sont empruntés les renseignements suivants :

Le fusil Maüser est une arme à verrou, pourvue d'un sabre-baïonnette. Il tire une cartouche métallique dont le culot produit l'obturation ; la cartouche détone sous l'action d'un solide percuteur, mis en mouvement par un ressort à boudin. Après chaque coup, le culot de l'ancienne cartouche est projeté en dehors de la culasse par un extracteur faisant partie du mécanisme.

« L'appareil de hausse, dit la *Revue d'artillerie*, se compose d'un pied brasé sur le canon et portant le cran de mire de 200 mètres ; sur ce pied sont fixées, à charnière, une lamette pour le tir à la distance de 300 mètres, et une planche graduée, sur laquelle glisse à frottement un curseur mobile pour le tir aux distances supérieures. Le frottement nécessaire pour maintenir le curseur en place dans le tir est obtenu à l'aide d'un ressort interposé entre la planche et le curseur. »

Cet appareil permet de tirer jusqu'à 1,600 mètres ; il présente six lignes de de mire fixes aux distances de 200, 300, 400, 1,100, 1,200 et 1,600 mètres. Les crans de mire sont placés un peu à gauche du plan de tir, pour corriger la déviation latérale due au défaut de symétrie de l'arme.

Les cartouches sont à percussion centrale et de divers modèles; mais elles contiennent uniformément 5 grammes de poudre et une balle du poids de 25 grammes.

Le fusil Maùser est, en résumé, une bonne arme de guerre. Il est loin, toutefois, d'avoir la valeur exceptionnelle que l'on pourrait supposer, en lisant, dans les journaux allemands, les comptes rendus auxquels se laisse trop facilement entraîner la fantastique imagination de nos voisins. Il ne vaut ni plus, ni moins que la plupart des armes se chargeant par la culasse, aujourd'hui en service un peu partout, en Europe.

La Bavière avait adopté, en 1858, un fusil du calibre de 13^{mm} 9 qu'elle fit transformer, en 1866, au chargement par la culasse, d'après le système Podewils. Ces armes sont à verrou; elles brûlent une cartouche en papier et fonctionnent à l'aide de platines ancien système et avec des capsules que l'on sépare de la cartouche pour les fixer sur la cheminée. La charge se fait en 5 temps.

Les armes bavaroises neuves sont du système Werder; elles portent la dénomination d'armes modèle 1869, et comprennent un fusil d'infanterie, un fusil de chasseurs et un mousqueton de cavalerie.

Le fusil Werder est du système dit à culasse tombante; il est pourvu d'un extracteur et tire une cartouche métallique du système Berdan, à percussion centrale, détonant sous l'action directe du chien; la charge se fait en 3 temps.

On cherche en Allemagne une cartouche pouvant servir à la fois dans les armes Maùser et Werder pour obtenir au moins les avantages de l'unité de munitions, à défaut de ceux de l'unité d'armement.

RENSEIGNEMENTS GÉNÉRAUX

SUR LES ARMES A FEU PORTATIVES ACTUELLEMENT EN SERVICE EN ITALIE, EN AUTRICHE, EN PRUSSE ET EN BAVIÈRE.

Nous croyons devoir compléter les renseignements relatifs aux armes à feu portatives par l'insertion des tableaux ci-après, extraits, pour la plupart, du *Cours d'artillerie* professé à l'École d'application de Fontainebleau par M. le capitaine d'artillerie Lachèvre.

Le 1er tableau contient des renseignements généraux; dans les indications relatives à la charge, on n'a pas compté pour un temps le mouvement de : *Apprêtez — armes.*

Le tableau n° 2 contient les dimensions et poids des modèles en service.

Le tableau n° 3 fait connaître les angles de tir; le tableau n° 4, les abaissements de la trajectoire au-dessous de la ligne de tir; le tableau n° 5, les vitesses restantes : au sortir du canon, la vitesse restante se confond avec la vitesse initiale.

Le tableau n° 6 fait connaître les flèches; les deux derniers tableaux, nos 7 et 8, indiquent les dimensions des zones dangereuses correspondant à des hauteurs de 1m70 pour l'infanterie et 2m50 pour la cavalerie.

I. — RENSEIGNEMENTS GÉNÉRAUX.

ÉTATS.	ARMES ET MODÈLES.	CONSTRUCTEURS.	CARACTÈRES GÉNÉRAUX.	CARTOUCHES.
AUTRICHE.	Fusil de rempart transformé, mod. 1871. — d'infanterie — — 1867. — de chasseurs — — 1867. Mousqueton de troupes techniques transformé, modèle 1867.	Wänzl.	Fermeture à verrou. Aiguille et ressort à boudin. Obturation par le culot de la cartouche. Charge en 4 temps.	Cartouche en papier avec culot en carton et amorce centrale en avant. Rondelle en caoutchouc en arrière. Balle à fort évidement pyramidal.
	Fusil d'infanterie, modèle 1867. Mousqueton modèle 1867.	Werndl.	Fermeture à verrou. Broche percuteur et ressort à boudin avec extracteur, 3 temps.	Cartouche métallique en tombak, à amorce centrale. Balle comprimée, légèrement évidée.
	Revolver.	Gasser.		
	Mousqueton de gendarmerie, mod. 1873.	Fruhwirth.	»	Cartouche métallique en cuivre à percussion latérale.
	Fusil d'infanterie transformé, mod. 1873.	Werndl.	Fermeture à vis. Aiguille et ressort à boudin.	Cartouche en papier ; percussion postérieure.
	Fusil de rempart.	Wänzl.	Fermeture à verrou sans obturateur. Chambre ardente. Aiguille longue. Ressort à boudin. 5 temps.	Cartouche en papier avec culot en carton portant l'amorce en avant de la charge. Balle pleine.
BAVIÈRE ..	Fusil d'infanterie transformé, mod. 1866.	Podewils.	Obturateur en caoutchouc et tête mobile supprimant la chambre ardente. 5 temps.	Cartouche en papier à amorce renforcée. Rondelle de drap à l'arrière. Balle allongée et de calibre réduit.
	Fusil d'infanterie, modèle 1869. Mousqueton de cavalerie, modèle 1869.	Werder.	Fermeture à verrou avec extracteur et éjecteur, 3 temps.	Cartouche métallique à percussion centrale.
FRANCE....	Fusil d'infanterie, modèle 1866.	Chassepot.		

I. — RENSEIGNEMENTS GÉNÉRAUX.

ÉTATS.	ARMES ET MODÈLES.	CONSTRUCTEURS.
ITALIE....	Fusil d'infanterie, modèle 1867. Carabine et mousqueton, même modèle.	Carcano.
	Fusil d'infanterie, modèle 1870. Mousqueton de cavalerie, modèle 1870.	Vetterli.
	Revolver.	Lefaucheux.
PRUSSE....	Carabine de rempart, modèle 1865.	Dreyse.
	Fusil d'infanterie, modèles 1841-1862. Carabine, modèle 1865.	Dreyse.
	Fusil d'infanterie transformé, mod. 1870. (*Aptirtes Zündnadelgewehr*).	Dreyse.
	Fusil d'infanterie, modèle 1872.	Mauser.

CARACTÈRES GÉNÉRAUX.	CARTOUCHES.
Fermeture à charnière transversale antérieure, avec rotation en avant et extracteur-tige percutrice. Platine à deux ressorts. Charge : 5 temps.	Cartouche métallique à p cussion périphérique. Etui cuivre rouge. Balle à deux c nelures, avec méplat et évi ment conique.
Fermeture à barillet avec percuteur et extracteur. Platine à chaînette à un ressort. 4 temps.	Cartouche métallique à perc sion centrale. Etui en tomb
»	»
Arme à verrou et à répétition ; magasin sous le canon contenant 6 cartouches.	Cartouche métallique à p cussion périphérique.
Système général Werndl, mais avec nombreuses améliorations, notamment dans le barillet, la platine et la baïonnette. 4 temps.	Cartouche non encore défi tivement arrêtée ; il est quest de porter à 5 gr. le poids de poudre, et à 26 gr. celui de balle.
Culasse tournante ; fusil monté sur un trépied disposé de façon à amortir le recul.	Cartouche métallique non core définitive.
Fermeture à verrou-platine à percussion à deux ressorts. 5 temps.	Cartouche en papier et capsule séparée, placée sur c minée.
Fermeture à charnière transversale postérieure et culasse tombante. Extracteur à deux branches. Ressort simple. 3 temps.	Cartouche métallique à perc sion centrale, système Berda
Fermeture à verrou. 4 temps.	Cartouche en papier.

II. — DIMENSIONS ET POIDS DES ARMES EN SERVICE.

ÉTATS.	SYSTÈMES ET MODÈLES.	CALIBRE DE L'ARME.	RAYURES. Nombre.	RAYURES. Pas de l'hélice.	LONGUEUR avec baïonnette.	LONGUEUR sans baïonnette.	POIDS avec baïonnette.	POIDS sans baïonnette.	PROJECTILES. Calibre.	PROJECTILES. Poids.	Poids de la charge de poudre.	Poids d'une cartouche.	Nombre de cartouch. pour 3 kilogrammes.	Vitesse initiale.
TRICHE.	Wänzl, 1867.	mm. 13.90	4	$1^{m}51$	$1^{m}812$	$1^{m}333$	4k65	4k25	mm 14.27	$29^{gr}70$	$4^{gr}40$	41^{gr} »	73	391^{m}
	Werndl, 1867.	10.98	6	0.72	1.754	1.279	5.08	4.48	11.34	20.28	4.01	32.40	93	436
	Carabine et fusil des troupes	»	»	»	»	»	»	»	»	»	»	»	»	»
	techniques, modèle 1867.	11. »	6	0.526	1.465	0.991	3.73	3.18	11.34	20.28	2.19	28.70	104	307
	Fusil Fruwirth.	11. »	6	0.526	1.511	1.037	4.06	3.68	11.34	20.28	2.19	28.70	104	307
	Werndl, 1873.	10.98	6	0.72	1.738	1.264	4.700	4.20	11.34	26 (?)	5.20 (?)	?	?	?
	Fusil de rempart.	19.07	4	2.10	»	1.337	»	7.00	»	89.30	13.85	125.40	»	»
VIÈRE ..	Podewils, 1866.	13.90	4	1.13	1.825	1.302	5.02	4.64	14.28	27.70	4.65	35.30	84	350
	Werder, 1869.	11. »	4	0.83	1.786	1.320	5.10	4.40	11.50	21.90	4.30	36.00	83	4[illegible]
ANCE ...	Chassepot, 1866.	11. »	4	0.50	1.878	1.305	4.08	4.03	11.80	24.50	5.50	32.50	90	420
ALIE.....	Carcano, 1867.	17.50	4	1.14	1.874	1.414	4.25	3.89	17.20	36.00	4.50	43.80	69	316
	Vetterli, 1870.	10.45	4	0.53	1.910	1.345	4.91	4.20	10.80	20.50	4.00	35.00	86	425
USSE....	Dreyse, 1862.	15.43	4	0.47	1.867	1.360	5.27	4.88	13.60	31.00	4.80	40.70	74	296
	Dreyse transformé, 1870.	15.43	4	0.47	1.935	1.430	5.33	4.98	12.00	21.00	4.80	30.70	98	341
	Fusil de rempart, 1865.	23.50	4	0.42	»	»	»	31.00	20.7	100.00	25.00	140.00	»	490
	Maüser, 1872.	11. »	4	0.55	1.820	1.350	5.10	4.400	»	25.00	5.00	42 (?)	71(?)	435

III. — ANGLES DE TIR.

ÉTATS.	ARMES.	100m.	200.	300.	400.	500.	600.	700.	800.	900.	1,000.	1,10
AUTRICHE.	Wänzl, 1867.	13'	29'	48'	1°10'	1°36'	2°4'	2°36'	3°11'	3°49'	4°41'	5°1
	Werndl, 1867.	8'5"	22'	37'	55'	1°14'	1°38'	2°4'	2°33'	3°3'	3°43'	4°2
	Carabine et fusil des trou-	»	»	»	»	»	»	»	»	»	»	»
	pes techniques, m. 1867.	19'30"	41'30"	1°3'30"	1°33'	2°2'	»	»	»	»	»	»
BAVIÈRE..	Podewils, 1866.	»	»	»	»	»	»	»	»	»	»	»
	Werder, 1869.	10'5"	23'3"	38'2"	35'	1°13'7"	1°34'2"	1°56'4"	2°20'8"	2°45'5"	3°13'	3°
FRANCE...	Chassepot, 1866.	12'	26'	42'	1°1'	1°22'	1°45'	2°10'	2°38'	3°8'	3°41'	4°1
	Gras, 1874.	»	»	»	»	»	»	»	»	»	»	»
ITALIE.....	Carcano, 1867.	14'	35'	1°2'	1°34'	2°12'5"	2°57'	3°45'5"	4°44'	5°46	6°54'	8°
	Vetterli, 1870.	10'	22'	36'	52'	1°10'	1°31'	1°53'	2°18'	2°44'	3°13'	3°4
PRUSSE....	Dreyse, 1862.	21'	42'	1°5'	1°29'	1°54'	2°20'	2°48'	3°16'	3°46'	4°16'	4°4
	Dreyse transformé, 1870.	»	»	»	»	»	»	»	»	»	»	»
	Fusil de rempart, 1865.	6'3"	13'3"	26'6"	40'4"	56'3"	1°14'3"	1°35'6"	1°58'6"	2°23'6"	2°52'	3°2
	Maüser, 1872.	»	»	»	»	»	»	»	»	»	»	»

IV. — ABAISSEMENTS DE LA TRAJECTOIRE.

ÉTATS.	ARMES.	100m.	200.	300.	400.	500.	600.	700.	800.	900.	1,000.	1,100.
AUTRICHE.	Wänzl, 1867.	$0^{m}38$	$1^{m}69$	$4^{m}19$	$8^{m}15$	$13^{m}98$	$21^{m}65$	$31^{m}80$	$44^{m}50$	$61^{m}80$	$78^{m}99$	$101^{m}50$
	Werndl, 1867.	0.29	1.28	3.32	6.52	11.21	17.46	25.81	36.30	49.30	64.95	83.61
BAVIÈRE..	Podewils, 1866.	»	»	»	»	»	»	»	»	»	»	»
	Werder, 1869.	0.32	1.40	3.32	6.28	10.64	16.24	23.42	32.40	43.2	58.24	71.40
FRANCE...	Chassepot, 1866.	0.291	1.514	3.606	7.100	11.930	18.330	26.481	36.784	49.266	64.370	81.939
	Gras, 1874.	»	»	»	»	»	»	»	»	»	»	»
ITALIE.....	Carcano, 1867.	0.42	2.04	5.37	10.94	19.26	30.92	46.40	66.40	91.20	139.05	153.00
	Vetterli, 1870.	0.29	1.28	3.14	6.05	10.36	15.89	23.20.	32.40	43.50	56.79	72.50
PRUSSE....	Dreyse, 1862.	0.61	2.44	5.67	10.36	16.58	24.52	34.25	45.60	59.20	74.60	92.30
	Dreyse transformé, 1870.	»	»	»	»	»	»	»	»	»	»	»
	Fusil de rempart, 1865.	0.19	0.90	2.33	4.69	8.20	13.06	19.67	27.66	37.79	50.07	65.10
	Maüser, 1872.	»	»	»	»	»	»	»	»	»	»	»

V. — VITESSES RESTANTES.

ÉTATS.	ARMES.	0.	100.	200.	300.	400.	500.	600.	700.	800.	900.	1,00
AUTRICHE.	Wänzl, 1867.	391	332	294	265	241	221	208	197	188	179	17
	Werndl, 1867.	436	366	318	284	261	241	225	212	201	193	18
BAVIÈRE...	Podewils, 1866.	»	»	»	»	»	»	»	»	»	»	»
	Werder, 1869.	420	363	326	300	279	264	252	241	235	226	21
FRANCE...	Chassepot, 1866.	420	350	306	280	258	244	233	221	207	198	19
	Gras, 1874.	»	»	»	»	»	»	»	»	»	»	»
ITALIE.....	Carcano, 1867.	316	287	239	209	189	173	162	152	146	143	14
	Vetterli 1870.	435	374	333	304	281	262	247	234	224	214	20
PRUSSE....	Dreyse, 1862.	296	279	268	259	252	244	235	226	219	212	20
	Dreyse transformé, 1870.	»	»	»	»	»	»	»	»	»	»	»
	Fusil de rempart, 1865.	490	427	367	324	294	269	250	239	225	215	20
	Mauser, 1872.	»	»	»	»	»	»	»	»	»	»	»

VI. — FLÈCHES.

ÉTATS.	ARMES.	100.	200.	300.	400.	500.	600.	700.	800.	900.	1,000
TRICHE.	Wänzl, 1867.	$0^{m}10$	0.46	1.19	2.40	4.02	6.67	9.90	14.00	19.60	25.30
	Werndl, 1867.	0.08	0.36	0.96	1.94	3.42	5.48	8.10	11.69	16.03	21.50
VIÈRE..	Podewils, 1866.	»	»	»	»	»	»	»	»	»	»
	Werder, 1869.	0.15	0.63	1.48	2.72	4.40	6.57	9.15	12.45	16.30	20.70
ANCE...	Chassepot, 1866.	0.09	0.43	1.07	2.07	3.52	5.50	8.12	11.54	15.40	20.30
	Gras, 1874.	»	»	»	»	»	»	»	»	»	»
ALIE.....	Carcano, 1867.	0.12	0.59	1.64	3.44	6.20	10.08	15.30	22.10	31.60	42.10
	Vetterli, 1870.	0.08	0.36	0.89	1.75	3.07	4.85	7.02	9.95	13.05	17.70
USSE....	Dreyse, 1862.	0.15	0.63	1.48	2.72	4.40	6.57	9.15	12.45	16.30	20.70
	Dreyse transformé, 1870.	»	»	»	»	»	»	»	»	»	»
	Fusil de rempart, 1865.	0.05	0.26	0.75	1.52	2.59	4.26	6.40	9.42	12.80	18.00
	Maûser, 1872.	»	»	»	»	»	»	»	»	»	»

VII. — ZONES DANGEREUSES POUR L'INFANTERIE. (1 m. 70.)

ÉTATS.	ARMES.	100.	200.	300.	400.	500.	600.	700.	800.	900.	1,000.
AUTRICHE.	Wänzl, 1867.	190	258	104	61	43.50	32.30	25.10	20.20	16.20	13.70
	Werndl, 1867.	213	280	156	83	58	42	31	25	20	16.10
	Carabine et fusil des troupes techniques, m. 1867.	»	»	»	»	»	»	»	»	»	»
		178	252	80	52	38	»	»	»	»	»
BAVIÈRE.	Podewils, 1866.	»	»	»	»	»	»	»	»	»	»
	Werder, 1869.	208	277	145	88	62	47	37	30	24	21.20
FRANCE...	Chassepot, 1866.	193.50	264.40	118.20	74.50	53.20	40.30	31.60	25.30	20.60	17.20
	Gras, 1874.	»	»	»	»	»	»	»	»	»	»
ITALIE....	Carcano, 1867.	183	248	71	43	29	20	15	12	10	8
	Vetterli, 1870.	211	278	146	83.60	60.30	45.30	35.90	28.60	23.50	19.70
PRUSSE....	Dreyse, 1862.	197	252	80	59.70	45.60	36.10	29.80	25.20	21.60	18.80
	Dreyse transformé, 1870.	»	»	»	»	»	»	»	»	»	»
	Fusil de rempart, 1865.	269	310	364	95	70	49.20	37.50	30.50	24.20	20
	Mauser, 1872.	»	»	»	»	»	»	»	»	»	»

'III. — ZONES DANGEREUSES POUR LA CAVALERIE. (2 m. 50).

ÉTATS.	ARMES.	100.	200.	300.	400.	500.	600.	700.	800.	900.	1,000.
AUTRICHE.	Wänzl, 1867.	190	258	337	101	63.70	47.50	36.80	29.70	23.80	20.10
	Werndl, 1867.	213	280	352	160	90	63	48	37	29	23.70
	Carabine et fusil des troupes techniques, m. 1867.	»	»	»	»	»	»	»	»	»	»
		178	252	138	82	58	»	»	»	»	»
BAVIÈRE..	Podewils, 1866.	»	»	»	»	»	»	»	»	»	»
	Werder, 1869.	208	277	348	122	87.60	67.20	53.30	43.40	36.60	31.10
FRANCE...	Chassepot, 1866.	193.5	264.4	344	110	75.20	57.30	45.50	37.40	31.30	26.90
	Gras, 1874.	»	»	»	»	»	»	»	»	»	»
ITALIE.....	Carcano, 1867.	183	248	330	62	40	30.20	23	18.50	15	13
	Vetterli, 1870.	211	278	354	126	88.50	66.60	52.70	42.10	34.60	29
PRUSSE....	Dreyse, 1862.	197	252	333	87.50	67.20	53	43.80	37	31.80	27.70
	Dreyse transformé, 1870.	»	»	»	»	»	»	»	»	»	»
	Fusil de rempart, 1865.	269	310	364	445	98.80	72.20	55	44.70	35.60	29
	Maüser, 1872.	»	»	»	»	»	»	»	»	»	»

Il résulte de l'examen détaillé de ces tableaux, que toutes les armes neuves aujourd'hui en service dans les principales armées européennes peuvent être considérées comme ayant sensiblement la même valeur balistique, sinon dans un polygone, du moins sur le champ de bataille. L'Autriche-Hongrie paraît seule être restée un peu en arrière des autres puissances.

OBSERVATIONS

SUR

L'ÉCOLE DU SOLDAT.

SOMMAIRE. — Positions. — Intervalles entre les hommes d'un même rang. — Tableau des différents pas. — Maniement d'armes. — Le soldat en tirailleur. — Méthodes d'instruction.

POSITION. — La position du soldat sans armes est sensiblement la même qu'en France, excepté en Allemagne, où le soldat, au lieu d'avoir les bras allongés, les tient *un peu ployés*.

INTERVALLES ENTRE LES HOM-

MES D'UN MÊME RANG. — Les soldats d'un même rang ne se tiennent coude à coude ni en Italie, où ils sont séparés par un intervalle constant de 0^m05, ni en Autriche, où ils sont à une demi-largeur de main les uns des autres.

En Allemagne, les soldats se tiennent coude à coude. Mais, comme ils ont les bras un peu ployés, chacun d'eux occupe un peu plus de place qu'en France, et ils sont plus à l'aise pour marcher et manœuvrer.

DES DIFFÉRENTS PAS. — Le tableau suivant contient des renseignements détaillés sur les diverses allures règlementaires en France et à l'étranger.

Il faut y ajouter :

1° Le pas en arrière;

2° Le pas en appuyant des Allemands, et leur *Trab*, sorte de course, qui n'est ni marquée, ni cadencée;

3° La marche rapide à toute vitesse des Italiens;

4° Le pas en rempant des Autrichiens;

5° Enfin, le pas de course de 1^m de longueur, à la cadence de 200 par minute, réglementé par l'Instruction française du 24 avril 1846, sur la gymnastique.

ÉTATS.	PAS.		PAS ACCÉLÉRÉ OU DE CHARGE.		PAS GYMNASTIQUE.	
	Longueur.	Vitesse.	Longueur.	Vitesse.	Longueur.	Vitesse.
ITALIE. Bersagliers.	0m75	120	»	»	0.90	170
ITALIE. Ligne.	0.86	140	»	»	1.00	180
AUTRICHE........	0.75	115 à 118	0.75	125 à 130	0.90	150 à 160
ALLEMAGNE	0.80	112	0.80	120	0.83	165 à 175
FRANCE..........	0.65	410	0.65	130	0.80	170 à 180

Une troupe bien exercée doit arriver à parcourir, au pas de route, un kilomètre en dix minutes : c'est le but vers lequel il faut tendre.

A cette allure, l'homme de taille moyenne fait le pas de $0^{m}78$, à la cadence de 125 à 130 par minute.

Le pas actuellement en usage en France paraît devoir disparaître, au moins comme pas de route. Mais il y aurait peut-être avantage à le conserver pour les exercices, comme pas de manœuvre et d'école.

MANIEMENT D'ARMES. — Notre position de l'*arme au bras* n'est nulle part en usage; celle du *port d'armes* est également inconnue en Italie et en Autriche.

La position de l'*arme horizontale* ou *en balance* est au contraire partout employée. Les Allemands ne s'en servent, il est vrai, que dans le cas particulier de l'attaque *(l'arme à droite pour l'attaque)*; mais les Italiens et les Autrichiens en font un fréquent usage, même à rangs serrés, ce qui les a amenés à écarter leurs rangs beaucoup plus que nous ne le faisons en France.

La position de l'*arme à la bretelle*,

dans laquelle le fusil est suspendu verticalement à l'épaule droite par la bretelle, est très employée aussi en Italie et en Autriche; dans ce dernier pays, c'est la position normale du soldat.

Les Autrichiens ont une position particulière : celle de l'*arme renversée,* dans laquelle le fusil est suspendu à l'épaule par la bretelle, mais avec la crosse en l'air. Ils l'emploient pour protéger contre la pluie l'appareil de fermeture de culasse. Ils ne portent jamais l'arme *sur* l'épaule.

Il faut remarquer encore qu'en Allemagne, le soldat arme son fusil en croisant la baïonnette, disposition qui lui donne la faculté de faire feu, au besoin, au moment du choc contre l'ennemi, soit dans l'offensive, soit dans la défensive. Le règlement italien permet aussi de faire feu quelquefois quand on marche à l'assaut.

L'exécution de la *charge* n'offre rien de particulier. Les Italiens ont réglementé la position du tireur *assis*. Les Autrichiens exercent leurs soldats à tirer assis et *accroupis*.

Après chaque feu, le soldat, en Autriche, recharge son arme sans commandement. Il ne paraît pas que la vitesse du tir en doive être sensiblement accélérée ; mais, par contre, le maniement d'armes est augmenté du mouvement de : *Otez la cartouche.*

LE SOLDAT EN TIRAILLEUR. — MÉTHODES D'INSTRUCTION. — L'École de tirailleurs n'existe, comme instruction distincte, ni en Italie, ni en Autriche, ni en Allemagne.

Le règlement allemand ne s'occupe des tirailleurs que quand il traite de l'école de compagnie.

Le règlement italien consacre aux tirailleurs toutes celles de ses parties relatives à l'ordre dispersé.

Le règlement autrichien — qui est le plus récent des trois — n'a même pas admis cette distinction entre l'ordre fermé et l'ordre dispersé. Pour lui, il n'y a qu'une formation de combat : c'est celle dans laquelle les troupes avancées, déployées en tirailleurs, sont soutenues en arrière par d'autres troupes, généralement à rangs serrés.

Les règlements italien et autrichien prennent grand soin de dresser le soldat au service de tirailleurs. Ils ne se bornent pas — comme fait le règlement français du 16 mars 1869 (Ecole de tirailleurs, n°s 25 et 65) — à indiquer d'une manière générale le but à atteindre ; ils précisent les moyens à employer pour y parvenir.

La première chose à faire, sous ce rapport, consiste évidemment à montrer au soldat les abris, obstacles, mouvements de terrain de tous genres pouvant être utilisés ; on lui explique ensuite la valeur relative de chacun d'eux. On lui montre enfin à les utiliser efficacement, soit de pied ferme, soit en marchant.

Les indications contenues à ce sujet dans le règlement tactique italien et dans le règlement de manœuvres autrichien sont à la fois simples, claires et précises. Elles méritent d'être étudiées avec soin et rigoureusement observées.

ÉCOLE DE PELOTON

ECOLE DE PELOTON

RÈGLEMENT ITALIEN

GÉNÉRALITÉS

237. Le peloton est le premier élément collectif des corps tactiques.

238. L'instruction donnée au peloton tend à le rendre habile à combattre, soit seul, soit comme unité d'un corps plus considérable, aussi bien dans *l'ordre fermé*, que dans *l'ordre dispersé*.

239. Pour l'instruction, le peloton se compose de :

1 officier,
1 sous-officier,
24 à 36 caporaux et soldats (1),
1 clairon (2).

L'officier commande.

Le sous-officier l'aide dans l'exercice de son commandement, dans l'exacte et prompte exécution des ordres, dans la surveillance de l'ensemble du peloton et plus particulièrement dans celle du second rang. Il le remplace en cas d'absence.

Quand le sous-officier vient à manquer, le plus ancien caporal en fait fonctions.

Des caporaux, les deux plus anciens sont *guides* du peloton, c'est-à-dire qu'ils en dirigent la marche. A défaut de caporaux, les fonctions de guide sont données à des soldats de 1re classe.

240. Pour diriger rationnellement l'instruction du peloton, il faut, après avoir enseigné le mécanisme de chaque mou-

---

(1) Voir page 6 quelle est la force habituelle du peloton.

(2) Il n'y a pas de tambours dans l'armée italienne. (*Notes du traducteur*).

vement, en faire ressortir le but et l'usage par quelques applications pratiques appropriées au terrain.

Les feux et les attaques seront l'objet de soins spéciaux.

241. La troupe manœuvre avec armes et bagages.

242. L'allure habituelle sera le pas ; il sera bon d'employer aussi quelquefois la course, pour y exercer les soldats.

Les serre-files, les guides et le clairon prendront toujours le pas de course quand ils auront à changer de place.

Instruction du peloton en ordre fermé.

243. L'ordre normal de front (1) du peloton est sur deux rangs; par exception, le peloton peut aussi se former sur quatre rangs.

Au contraire, l'ordre normal du peloton *par le flanc* est habituellement sur quatre rangs et exceptionnellement sur deux.

---

(1) En France, nous disons : *En bataille* (*Note du traducteur*).

244. Dans l'ordre de front sur deux rangs, les soldats se tiennent dans chaque rang, à $0^{m}05$ d'intervalle, de coude à coude. Cet intervalle, indispensable quand les soldats ont le sac, facilite l'exécution du maniement d'armes. En marche, il disparait par suite du mouvement naturel des bras; il se produit alors un léger contact des coudes.

Dans l'ordre de front sur quatre rangs, les soldats ont entre eux $0^{m}70$ d'intervalle.

Les rangs sont parallèles entre eux : à un pas ($0^{m}75$ ou $0^{m}86$) l'un de l'autre, quand le peloton est de pied ferme, de front ou de flanc, ou en marche par le flanc. La distance entre les rangs est de $1^{m}30$ dans la marche de front.

245. On appelle toujours *premier* rang celui qui est en avant dans le peloton de front; les autres rangs se nomment *deuxième*, *troisième* et *quatrième*.

246. Les soldats placés les uns derrière les autres dans les divers rangs constituent *une file*. Les soldats de la même file doivent être couverts par celui du premier rang qui est dit *chef de file*.

247. Dans la marche de flanc sur

quatre rangs, les files conserveront entre elles la distance résultant du passage de la formation de front sur deux rangs à celle de flanc sur quatre.

Dans la marche exceptionnelle de flanc sur deux rangs, les files prennent entre elles la distance plus grande qui leur est nécessaire pour marcher à l'aise.

Toutes les distances ci-dessus indiquées se mesurent des talons des soldats d'un rang ou d'une file, à ceux des soldats du rang ou de la file qui sont en avant ou en arrière.

248. On manœuvre de la même manière, quel que soit le rang qui se trouve en avant.

249. Quand le peloton est isolé et de front, son commandant se tient sur l'alignement du premier rang, près du guide de droite ; il se tient au contraire à hauteur et près du guide de la tête, du côté du rang antérieur, quand le peloton est par le flanc.

Mais, pour l'instruction, il doit se mettre au point d'où il peut le mieux diriger, surveiller et se faire entendre.

250. Le sous-officier se tient à deux pas

derrière le centre du peloton. Quand il y a deux sous-officiers, ils se tiennent à deux pas derrière la deuxième et l'avant dernière file du peloton.

La ligne ainsi formée par les sous-officiers derrière le peloton, s'appelle *ligne des serre-files*.

Les caporaux servant de guides se tiennent l'un à *la droite*, et l'autre à la *gauche* du rang qui est en avant dans l'ordre de front ; à *la tête* et à *la queue* de ce rang, dans l'ordre de flanc.

S'il y a un troisième caporal, il se place au centre du peloton, au premier rang.

251. Les serre-files exécutent le maniement d'armes comme la troupe. Mais ils restent ou se mettent l'arme au pied quand le peloton, étant de pied ferme, rend les honneurs ou exécute le maniement d'armes ou les feux.

Les guides et les autres caporaux se comportent en tous points comme les soldats dans le rang.

Le clairon prend place, dans l'ordre de front, à six pas de la ligne des serre-files, derrière le centre ; dans l'ordre de flanc et dans les évolutions, il conserve la même place, mais en faisant par le flanc. Dans les rues ou sur les routes, il marche à deux pas en avant du guide de la tête.

252. On n'aligne le peloton que quand cela est indispensable.

INSTRUCTION DE PIED FERME.

Attention, repos, alignements, numéroter les files, ouvrir et serrer les rangs.

(253 à 258).

Rien de particulier, excepté en ce qui concerne la manière de numéroter les files.

256. On commande :

Comptez-vous par — DEUX.

Les soldats du premier rang, tournant la tête à gauche, comptent successivement, en commençant par la droite, *un, deux; un, deux*. Ceux du second rang prennent le numéro de leur chef de file.

Deux files contiguës, numérotées de droite à gauche, sont destinées à former *quadrille* dans les mouvements sur quatre rangs.

Se mettre par quatre de front ou de flanc et revenir par deux. — Faire face en arrière.

(259 à 269.)

On vient de voir que les files sont numérotées par deux. Cette disposition sert de base aux principes du doublement et du dédoublement, soit de front, soit par le flanc.

Ce sont toujours les hommes de la file impaire qui doublent ou qui dédoublent.

Pour doubler, ils se portent soit en avant et en arrière, soit à droite et à gauche des hommes de la file paire, qui ne bougent pas et se trouvent ainsi encadrés entre leurs deux camarades de la file impaire.

Pour dédoubler, les hommes de la file impaire reprennent leurs places de manière à se retrouver toujours entre les deux mêmes files paires.

Le peloton peut être formé de front sur quatre rangs avec intervalles de 0^m70 entre les files doublées ; on peut aussi, dans cette formation, faire serrer les intervalles à 0^m05, de coude à coude.

Maniement d'armes.

270. Rien de particulier.

Prendre les positions à genou et couché; revenir debout.

(271 à 274).

On fait mettre à genou le premier rang seulement ou bien les deux rangs ensemble ou successivement.

Les hommes du deuxième rang, avant de se mettre à genou, se rapprochent de ceux du premier et appuient à droite pour se trouver en face du créneau qui est à la droite de leur chef de file.

Dans la position couchée, les hommes du second rang garnissent les intervalles entre ceux du premier, la poitrine à hauteur des cuisses de leurs chefs de files. C'est pour faciliter ce mouvement que le règlement prescrit (nº 90) au soldat couché de croiser sa jambe droite par-dessus la gauche.

Les hommes couchés ou à genou se relèvent au commandement de : *DEBOUT*.

INSTRUCTION POUR LA MARCHE.

Marche de front.

(275 à 280).

On commande :
Plotone avanti—MARCHE.

La direction se prend toujours à droite. On peut aussi la prendre à gauche ; mais alors il faut en faire mention dans le commandement.

Au commandement de *marche*, les hommes du second rang raccourcissent le premier pas, de manière à prendre la distance de $1^{m}30$, qui doit les séparer de ceux du premier (n° 244).

Le demi-tour en marchant s'exécute comme il est prescrit à l'instruction individuelle.

Le peloton étant de pied ferme, on le fait marcher en retraite au commandement de :

Face en arrière — MARCHE (*Dietro front — MARCHE*) :

Les hommes, après avoir fait demi-tour, se mettent en marche dans la nouvelle direction.

281 à 283. Le peloton, marchant de front sur deux rangs, on le forme sur quatre rangs par les mêmes moyens que de pied ferme. Les rangs prennent entre eux la distance de $1^{m}30$.

Le peloton marchant de front sur quatre rangs à intervalles de $0^{m}70$, on peut lui faire resserrer les intervalles à $0^{m}05$.

Pour passer de la marche de front sur quatre rangs à celle sur deux rangs, il faut, au préalable, faire ouvrir les intervalles à $0^{m}70$.

Marche oblique.

(284 à 287).

Dans la marche oblique, la direction se prend toujours du côté vers lequel on oblique.

5 *Conversions.*

(288 à 293).

Les conversions sont de deux espèces : de pied ferme ou en marchant.

De pied ferme, on commande :

Peloton à droite (ou *à gauche*)—*MARCHE.*

Le guide qui est au pivot tourne sur place, en se conformant au mouvement de l'aile marchante. Le guide qui conduit cette aile allonge le pas jusqu'à $0^{m}90$, dans l'infanterie de ligne, et 1^{m} dans les bersagliers. Les hommes sentent le coude du côté du pivot et tournent les yeux du côté de l'aile marchante.

La conversion achevée, on commande *halte* ou *en avant*, suivant que l'on veut arrêter la classe ou la faire marcher. Au commandement de : *En avant*, chacun prend le pas normal, et le second rang se place à $1^{m}30$ du premier.

Les conversions en marchant s'exécutent par les mêmes commandements et d'après les mêmes principes, avec cette seule différence que le guide du pivot, au lieu de tourner sur place, fait le pas de $0^{m}10$ à $0^{m}25$, suivant les indications du chef de peloton.

Marche de flanc.

Etant de front, faire par le flanc et marcher dans cet ordre.

(294 à 297).

Le peloton étant de front et de pied ferme, on commande :

Par le flanc droit (ou *gauche*) — *MARCHE.*

Les hommes font à droite ou à gauche en doublant les files et se mettant en marche.

Si on ne veut pas faire doubler les files, on commande :

Par deux, Par le flanc droit — *MARCHE.*

Quand le peloton marche par le flanc les files non doublées, les hommes prennent d'eux-mêmes les distances nécessaires pour pouvoir marcher à l'aise, sans emboîter le pas (nº 247). Au commandement de *halte*, le guide de la tête seul s'arrête ; les autres hommes serrent à la distance voulue.

Changer de direction.

(298 à 301).

Le peloton, par le flanc, de pied ferme ou en marche, par deux ou par quatre, change de direction par file au commandement de son chef ;

chaque file se conforme aux principes des conversions.

Le peloton est exercé à passer en marchant de la marche de front à celle de flanc, dans une direction parallèle ou perpendiculaire à sa direction primitive.

Passer de la marche de flanc à celle de front.

(302 à 306).

Le peloton marchant par le flanc, on commande :

A gauche (ou *à droite*) — *FRONT.*

Les hommes font à gauche ou à droite en dédoublant les files et continuent à marcher de front.

Si on ne veut pas faire dédoubler les files, on commande :

Par quatre, à gauche (ou *à droite*)—*FRONT.*

Les hommes marchent alors de front sur quatre rangs, à intervalles de 0^m70.

Le peloton marchant par le flanc, on l'arrêt en le remettant de front par le commandement de :

Peloton, halte ; à gauche (ou *à droite*) — *FRONT.*

Le peloton marchant par le flanc, pour le former en ligne, on commande :

Peloton en ligne à — GAUCHE (ou *à droite*).

Le guide de la tête continue à marcher droit en avant. Les hommes font un demi-à-gauche ou un demi-à-droite et prennent le pas de course pour se porter sur l'alignement du guide, en dédoublant les files.

Le peloton étant arrêté par le flanc, on le forme en ligne de pied ferme au commandement de :

Peloton en ligne à — GAUCHE (ou *à droite*) — *MARCHE.*

Le guide ne bouge pas et les hommes s'arrêtent à sa hauteur.

Passage d'obstacles.

(307 à 308.)

Quand un obstacle s'oppose à la marche de front de l'une des ailes du peloton, on le franchit en faisant mettre une ou plusieurs files en arrière.

Pas de route.

309. Au commandement de : *Pas de route*, qui ne se fait que quand on marche en dehors des lieux habités, les soldats portent l'arme à volonté et ne sont plus obligés à marcher au pas ; mais ils ne peuvent ni changer de place, ni quitter les rangs.

Les officiers remettent l'épée au fourreau.

Si on marche par le flanc, on fait ouvrir les rangs, de manière que les soldats, marchant sur les côtés, laissent le milieu de la route libre pour les officiers.

FEUX.

310. Il y a deux espèces de feux :

I. Le feu à commandement;

II. Le feu à volonté.

311. Tous deux peuvent s'exécuter par le peloton sur deux rangs :

1° *Les deux rangs debout* ;

2° *Les deux rangs à genou* ;

3° *Le premier rang à genou et le second debout.*

Dans les cas exceptionnels seulement, on peut faire exécuter les feux avec le premier rang, ou même avec les deux rangs couchés.

312. Les feux à commandement, aussi bien que ceux à volonté, peuvent être exécutés soit par le peloton entier, soit par un seul rang à la fois.

313. Le chef de peloton et les serre-files surveillent l'exécution de la charge et la régularité du pointage ; ils font à voix basse les rectifications nécessaires.

Pour pouvoir exercer cette surveillance, le chef de peloton se place, pendant le feu, derrière le centre du peloton, sur la ligne des serre-files, en faisant déplacer un peu le sous-officier, s'il y a lieu.

Quand le peloton exécute les feux dans la position à genou, l'officier et les serre-files restent debout.

314. Dans les feux debout, les hommes du second rang appuient à droite de leurs chefs de file, avant d'apprêter les armes, de manière à pouvoir ensuite mettre en joue commodément dans le créneau qui est en avant d'eux, sans gêner leurs voisins.

Feux à commandement.

315. Le peloton étant de front et de pied ferme sur deux rangs, le chef de peloton, après avoir, s'il y a lieu, fait prendre la position à genou au premier rang ou au peloton entier, commande :

1° *Plotone — PRONTI (Peloton — ARMES).*

2° *A... mètri — PUNT (A mètres... — JOUE).*

3° *Attenti — FOC (Attention — FEU).*

4° *CARICAT (Chargez).*

Ces commandements s'exécutent comme il est prescrit à l'*Instruction individuelle*, en tenant compte de la recommandation du n° 314.

316. Si, après avoir fait recharger les armes, le chef de peloton veut faire continuer le feu, il répète les 2e, 3e et 4e commandements, en omettant toutefois l'indication relative à la distance, quand celle-ci n'a pas changé.

317. Si on veut faire exécuter le feu par un rang seulement, il suffira de substituer, dans le 1er commandement, à l'indication de *peloton*, celle de *1er* ou 2e *rang*; ou encore de faire précéder de cet avertissement (1er ou 2e rang) le commandement de *Joue*, si le peloton entier a déjà les armes apprêtées...

318. Le chef de peloton peut commander au même rang plusieurs décharges de suite, ou faire alterner les deux rangs, ou faire tirer le peloton entier, en employant, suivant les cas, les indications de *premier* ou *second rang*, ou de *peloton*.

319......

320. Pour faire cesser le feu, on fait exécuter la sonnerie y relative.

A cette sonnerie, les soldats mettent l'arme au cran de sûreté, rabattent la hausse, s'il y a lieu, et, lorsqu'ils sont debout, se mettent l'arme au pied. Ceux du second rang se replacent derrière leurs chefs de file.

Quand il n'y a pas de clairon, on commande :

Cessez le — FEU.

321. En principe, les armes ne devant pas être chargées quand on ne doit pas tirer immédiatement, lorsque le chef de peloton a l'intention de faire cesser le feu, il remplace, après la dernière décharge, le commandement de *chargez*, par celui de *cessez le feu*.

322. Les feux *obliques* ne s'exécutent pas par le peloton entier à la fois, mais seulement par le rang qui, étant debout, n'a pas devant lui un autre rang dans la même position. D'après cela, le second rang ne peut exécuter des feux obliques que quand il est debout et que le premier rang est à genou.

Pour faire exécuter les feux de ce genre, le chef de peloton commande :

1° *Peloton — ARMES.*

2° *1er (ou 2e) rang oblique à — DROITE* (ou à *GAUCHE*).
3° *A... mètres — JOUE.*
4° *Attention — FEU.*
5° *CHARGEZ.*

Feu à volonté.

323. Le peloton étant de front et de pied ferme, le chef de peloton commande :
1° *Feu à volonté.*
2° *Peloton* (ou *1er ou 2e rang*) — *ARMES.*
3° *A... mètres, commencez le — FEU.*

A ce dernier commandement, les numéros *un* du premier rang mettent en joue, font feu et rechargent l'arme sans commandement ; les numéros *deux* du même rang mettent en joue un moment après que le numéro *un* de leur groupe respectif a terminé la charge ; celui-ci, à son tour, se comporte de même par rapport au numéro *deux* et ils alternent ainsi, de manière que l'un d'eux ait toujours son arme chargée.

Les hommes du second rang mettent en joue et font feu quand leur chef de file retire son arme après avoir tiré.

324. On doit exiger que les soldats chargent et visent avec le plus grand calme.

325. L'officier et les sous-officiers ont grand soin d'empêcher les soldats de causer ; ils veillent à ce que le feu se fasse avec ordre et surtout à ce qu'on ne l'accélère pas plus qu'il n'est besoin.

326. On fait cesser le feu comme dans le feu à commandement.

Le dernier coup tiré, les soldats, s'ils sont debout, mettent l'arme au pied, sans recharger; ceux du second rang reprennent leurs places.

ATTAQUE ET DÉFENSE.

327. Le peloton est un détachement tellement petit, qu'il ne peut se trouver que bien difficilement dans le cas d'avoir à exécuter seul une attaque. On l'exerce néanmoins à cette action de guerre pour y préparer la troupe graduellement. Pour le moment, on ne s'occupera ici que des procédés à employer pour l'attaque ou la défense : quant à ce qui concerne l'opportunité de ces mouvements et la

manière de les diriger, il en sera parlé aux *Évolutions de bataillon*.

328. L'attaque s'exécute soit pour déloger l'ennemi d'une position, soit pour défendre soi-même une position contre l'ennemi qui s'avance : dans le premier cas, c'est une *attaque* proprement dite; dans le second cas, c'est une *contre-attaque*.

L'objectif de l'attaque, c'est-à-dire l'ennemi qu'on veut assaillir, devra toujours, même sur la place d'armes, être représenté, ou être indiqué à la troupe par quelque objet local, comme le débouché d'une route, celui d'une rue donnant accès sur la place d'armes ou l'un des angles de la place d'armes elle-même, une éminence, un bouquet d'arbres, ou encore par quelques hommes marquant le front d'un détachement.

329. En raison de la longue portée des armes aujourd'hui en usage, il faut augmenter considérablement la distance à laquelle, sur le champ de bataille et en terrain découvert, on tient une troupe de l'ennemi, pour ne pas l'exposer à subir de grosses pertes avant d'être sérieuse-

ment engagée. Il en résulte que la troupe ayant à fournir une attaque, devra parfois parcourir des espaces de cinq à six cents pas pour atteindre la position de l'ennemi.

Si, en vue de la soustraire plus promptement aux effets meurtriers du feu, on voulait lui faire parcourir cette distance à une allure rapide, on s'exposerait au grave inconvénient de ne mettre en présence de l'ennemi que des soldats déjà épuisés, et cela au moment décisif, alors précisément qu'un suprême effort est absolument nécessaire. Au surplus, ces courses folles ne sont pas indispensables. Les dangers que court une troupe dans ces circonstances sont en effet bien diminués par un fait résultant de la grande efficacité du tir des armes se chargeant par la culasse : c'est qu'une attaque de vive force ne peut plus réussir aujourd'hui qu'à la condition d'être convenablement préparée par des tirailleurs, précédant et couvrant la troupe principale; ces tirailleurs accablent l'ennemi de leurs feux et appellent nécessairement sur eux son attention. Dans ces conditions, au lieu de faire parcourir à grande vitesse l'étendue de terrain sus-indiquée de cinq à six cents pas, il sera préférable de faire avancer la troupe d'abord au pas, de lui faire prendre ensuite le pas gymnastique à environ 250 mètres de l'ennemi, et enfin de la lancer sur lui à toute vitesse pendant les cinquante à soixante derniers pas.

Aussi, dans l'instruction de la troupe, devra-t-on éviter de lui faire faire plusieurs attaques successives de peu de longueur chacune; ce serait la fatiguer sans aucun profit. Il vaudra mieux se borner à ne lui en faire exécuter qu'une seule d'environ cinq cents pas, pendant laquelle on fera usage successivement des trois allures, d'après les principes qui viennent d'être expliqués.

330. Pour exercer le peloton à l'attaque, son chef fait d'abord charger les armes, mettre la baïonnette au canon et prendre la position d'*apprêtez vos armes;* il met ensuite le peloton en marche de front et sur deux rangs, vers le point qu'il suppose occupé par l'ennemi. A environ 250 pas de ce point, il commande : *Pas de*

course (Di corsa). Les soldats savent qu'ils doivent alors s'avancer résolûment contre l'ennemi, sans répondre à son feu.

A 50 ou 60 pas de l'ennemi, le chef de peloton commande

A la — BAIONNETTE :

Les soldats s'élancent à toute vitesse sur l'ennemi, en criant avec force et plusieurs fois de suite :

Savoïa! Savoïa! (Savoie! Savoie!)

Le clairon suit le peloton en sonnant la charge.

331. Si, à quelques pas de l'ennemi, le chef de peloton estime qu'il soit opportun de répondre à son feu par une décharge, il commande, sans autre avertissement

Attention — FEU :

Les soldats du premier rang seulement font feu sans s'arrêter.

Toutefois, pour que cette décharge produise l'effet voulu, il est nécessaire qu'elle soit faite d'assez près pour qu'on puisse certainement toucher l'ennemi sans viser. Dans tous les autres cas, il vaudra mieux conserver les armes chargées.

332. Parfois il arrive que le terrain sur

lequel on procède à l'attaque présente à 150 ou 200 pas de l'ennemi quelque abri propre à couvrir momentanément la troupe, comme seraient des routes encaissées, des murs, des fossés. En pareil cas, il peut être bon d'utiliser ces abris pour s'y jeter et s'y arrêter quelques instants, le temps nécessaire pour reprendre haleine, pour mieux préparer l'assaut par un feu vif et pour se lancer ensuite à l'attaque avec plus d'impétuosité. Les cas de ce genre sont à représenter aussi quelquefois dans les exercices.

333. Si on suppose que l'attaque ait contraint l'ennemi à la retraite, le peloton se reformera promptement pour procéder ensuite à la poursuite; ou bien encore, il s'établira sur la position conquise et y exécutera le feu à volonté. Le chef de peloton et tous les gradés empêcheront les soldats de se débander dans la poursuite.

334. Si on suppose, au contraire, que l'attaque soit repoussée, le peloton se retirera pour se rassembler et se remettre promptement en ordre sur la position indiquée par son chef.

335. La troupe qui défend une position doit être placée de manière à tirer parti des accidents de terrain, tels que remblais, fossés ou digues. Sur une hauteur, par exemple, elle s'établira quelques pas en arrière de la crête, afin de pouvoir faire usage de son feu tout en restant couverte.

Sur un terrain uni, les hommes se mettront à genou; ils pourront même exceptionnellement se coucher.

336. Dès que le chef de peloton s'aperçoit que l'ennemi marche à l'attaque, il fait mettre la baïonnette au canon. Ainsi disposé, le peloton attend l'assaut de pied ferme, en exécutant des feux *à commandement* aussi longtemps que l'ennemi est à plus de 200 mètres, et des feux *à volonté* en deçà de cette distance.

337. Dans la plupart des cas, l'efficacité du feu suffira à désorganiser l'assaillant et à le repousser. Quand cependant celui-ci réussira à se rapprocher, soit grâce aux abris d'un terrain couvert, ou sous la protection de sa propre artillerie, soit par surprise, ou encore parce que les défenseurs manqueraient de munitions,

il faudra recourir à la contre-attaque. A cet effet, le chef de peloton, ayant, au préalable, fait lever les hommes s'ils étaient à genou ou couchés, commandera, quand l'ennemi arrivera à 50 ou 60 pas

A la BAIONNETTE.

338. Si la contre-attaque réussit à repousser l'ennemi, la troupe peut ou le poursuivre, ou inquiéter, par son feu, la retraite de l'adversaire. Elle se reforme ensuite et prend position.

Si, au contraire, la contre-attaque est repoussée, le peloton bat en retraite et va se rallier sur une position en arrière indiquée par son chef.

RALLIEMENT.

339. Le ralliement *(Raccolta)* s'exécute après une attaque ou une contre-attaque dans lesquelles la troupe se serait débandée, ou quand, pour un motif quelconque, les soldats ont rompu les rangs.

340. Pour exercer le peloton à se remettre promptement en ordre après une attaque où les soldats, dans l'ardeur de la poursuite, se seraient débandés, ou

encore lorsqu'ils ont été repoussés en désordre à la suite d'une attaque malheureuse, le chef de peloton se transporte et s'arrête au point où il veut rallier son peloton; il est suivi du clairon sonnant le ralliement.

A ce signal, les hommes, cessant la poursuite et se dirigeant vers leur chef, viennent, au pas de course et en silence, se former face à l'ennemi, sur la ligne choisie par le chef de peloton et déterminée par les deux guides.

341. Quand le chef de peloton veut faire exécuter le ralliement en continuant à marcher en avant ou en retraite, il donne d'abord le signal du ralliement, puis il fait sonner la marche, en se dirigeant de sa personne soit en avant, soit en retraite :

Les soldats se rassemblent derrière lui et tous se remettent en ordre sans s'arrêter.

342. La grande importance de ce mouvement exige qu'on le répète assez souvent pour faire contracter aux soldats l'habitude de se rallier et de se remettre en ordre, en toutes circonstances, avec la

plus grande rapidité possible. C'est pourquoi il ne faut pas se borner à exécuter le ralliement seulement après les attaques; on doit aussi le faire faire pendant les exercices d'autres genres. A cet effet, le chef de peloton fera rompre les rangs aux soldats et les éparpillera sur tel terrain et dans telle direction qu'il jugera convenable; il les ralliera ensuite comme il est expliqué ci-dessus.

Instruction du peloton pour l'ordre dispersé.

343. Pour agir en ordre dispersé, le peloton se divise en deux *escouades (squadre)*, l'escouade en deux *escadrilles* (1),

(1) Les deux mots *escouade* et *escadre* ont pour étymologie commune le mot italien *squadra*. Dans le vieux français, ils ont absolument la même signification. C'est pourquoi j'ai cru devoir traduire littéralement *squadriglia*, diminutif de *squadra*, par *escadrille*, quoique ce dernier mot ne soit usité chez nous que quand on parle de l'armée de mer.

Ici, *escadrille* est employé pour *petite escouade*. — (*Note du traducteur*).

(Squadriglie). Si cependant l'escouade a moins de 8 files, elle ne se divise pas en escadrilles et se comporte comme ferait une seule escadrille.

En règle générale, les escadrilles doivent être à peu près de même force; mais le chef de peloton peut, quand il le juge convenable, les faire de force différente.

Dans la compagnie, les escouades reçoivent un numéro d'ordre progressif, de la droite à la gauche. Dans le peloton, il sera préférable de les distinguer par la dénomination d'*escouade de droite* ou de *gauche,* selon leur position relative.

Les escadrilles sont dites *de droite* ou *de gauche* dans l'escouade, selon leur position relative; mais on peut aussi les distinguer, dans le peloton, par un numéro progressif, de droite à gauche, variable d'ailleurs, avec les positions qu'elles peuvent y occuper successivement.

344. Chaque escouade est commandée par un sergent ou par un caporal faisant fonctions de sergent, qui, dans l'ordre fermé, se tient toujours en serre-files.

Des deux escadrilles de chaque escouade, l'une (normalement celle de droite) est commandée par le chef d'escouade, l'autre par le caporal qui sert de guide à l'aile du peloton dont l'escouade fait partie.

Escadrille.

345. L'escadrille étant de front, sur deux rangs, en ordre fermé et de pied ferme, se déploie en *chaîne* (*catena*) sur la ligne où elle se trouve au commandement de

Déployez à — DROITE (ou GAUCHE) :

La file de gauche (ou de droite) ne bouge pas; les autres files se distendent par un mouvement de flanc de manière à prendre des intervalles de 3 pas, de l'une à l'autre. Les hommes du second rang se placent à côté de leur chef de file (ordinairement à sa gauche et à un pas de lui au plus).

Si, au contraire, l'escadrille doit se déployer en avant, son chef commande

En avant, déployez à — DROITE (ou GAUCHE) :

Toutes les files se mettent en marche : celle de gauche (ou de droite) marche droit devant elle; les autres obliquent à droite (ou à gauche) et accélèrent le pas pour gagner l'intervalle de 3 pas de file à file; elles reprennent ensuite la marche directe. L'homme du second rang se porte en même temps sur la même ligne que celui du premier.

Les escadrilles qui doivent se déployer étant déjà en marche, exécutent ce mouvement au même commandement de

Déployez à—GAUCHE (ou DROITE).

346. En principe, les intervalles entre les files d'une escadrille ne doivent pas être inférieurs à 2 pas, ni supérieurs à 6.

En terrain couvert, ces intervalles ne peuvent être égaux entre eux, parce qu'alors l'important est de mettre à profit les abris pour se couvrir et pour faire feu utilement. Dans ces conditions, il faut que les diverses files d'une escadrille déployée restent toujours en communication entre elles.

347. Lorsque le chef d'escadrille veut que les files, en se déployant, prennent des intervalles autres que celui de 3 pas, qui est l'*intervalle normal*, il ajoute au commandement du n° 345

A tant de pas.

348. Si l'escadrille est déjà déployée et qu'on veuille faire ouvrir les intervalles, le chef d'escouade commande

Ouvrez à — DROITE (ou GAUCHE), à tant de pas :

Selon que l'escadrille est de pied ferme ou en marche, la file de gauche (ou de droite) ne bouge pas ou continue à marcher droit devant elle; les autres files ouvrent les intervalles du côté indiqué, à la distance prescrite, par un mouvement de flanc ou par la marche oblique.

Pour faire resserrer les intervalles, le chef d'escadrille commande

Serrez à — DROITE (ou GAUCHE), à tant de pas :

Selon que l'escadrille est de pied ferme ou en marche, la file de droite (ou de gauche) ne bouge pas ou continue à marcher droit devant elle; les autres files resserrent les intervalles du côté indiqué, à la distance prescrite, par un mouvement de flanc ou par la marche oblique.

349. Pour réunir l'escadrille en ordre fermé, qu'elle soit de pied ferme ou en marche directe ou oblique, en avant ou

en retraite, le chef d'escadrille commande

Serrez à—GAUCHE (ou *à DROITE*) :

Le chef d'escadrille se porte vivement auprès de la file de gauche (ou de droite) pour surveiller le mouvement de sa troupe. Les deux hommes de la file de gauche (ou de droite) prennent place l'un derrière l'autre et continuent à marcher ou à rester de pied ferme ; les autres files, par un mouvement de flanc ou par la marche oblique, serrent promptement sur la file désignée et se mettent en ordre sur deux rangs.

350. Si l'escadrille marche par le flanc, on la réunit au commandement de

Sur la tête — SERREZ :

Les deux hommes de la file de tête prennent place l'un à côté de l'autre et continuent à marcher ; les autres files prennent le pas de course pour serrer en ordre sur celle de tête.

351. Pour faire exécuter à l'escadrille déployée la marche en avant ou en retraite, directe ou oblique, pour la faire marcher par le flanc ou pour l'arrêter, on emploie les commandements indiqués dans l'instruction individuelle pour l'or-

dre dispersé. La direction est à droite ou à gauche, d'après les principes relatifs à la marche de front du peloton en ordre fermé.

352. Si l'escadrille doit se mouvoir en ordre fermé, son chef emploie les commandements prescrits pour le peloton en ordre fermé, mais en substituant l'indication *d'escadrille* à celle de *peloton*.

353. Pour faire exécuter un changement de direction à l'escadrille déployée, son chef emploie les commandements prescrits aux nos 289, 290, et 291, en substituant l'indication *d'escadrille* à celle de *peloton* et en supprimant le commandement de : *Marche*...

Dans la marche de flanc de l'escadrille déployée, les hommes de chaque file marchent, en principe, l'un derrière l'autre.

354. Le feu s'exécute toujours de pied ferme, excepté dans l'attaque. Il doit commencer et cesser au commandement du chef d'escadrille. Le soldat ne peut tirer sans commandement que pour sa défense personnelle, ou quand, en cas de surprise, il ne lui est possible de donner l'alarme qu'en faisant feu.

Pour faire commencer le feu, le chef d'escouade commande

FEU :

Chaque soldat, prenant la position la plus commode pour bien viser (à bras francs, sur appui, à genou, assis ou couché), tire à volonté, quand il a un ennemi en vue et à bonne portée ; il se conforme aux indications données par le chef d'escadrille sur la distance et la hausse à employer. Celui qui ne voit pas l'ennemi ne tire pas. Les chefs d'escadrille indiquent aussi les points sur lesquels il convient de diriger le tir pour obtenir plus d'effet.

Pour faire cesser le feu, le chef d'escadrille commande

Cessez-le — FEU.

355. En vertu de ce principe, que l'escadrille ne tire que de pied ferme, elle doit, chaque fois qu'elle se trouve dans la nécessité de porter son feu plus en avant, ou à droite, ou à gauche, ou encore de rétrograder, elle doit, sans faire feu et au commandement de son chef, se transporter en avant, à droite, à gauche, ou en arrière, et ensuite, au commande-

ment de : *Halte — Feu*, s'arrêter, prendre position et recommencer à tirer.

A proximité de l'ennemi, ces changements de position doivent, en général, se faire rapidement. Si le terrain est couvert, l'escadrille peut les exécuter au pas ; mais si, au contraire, le terrain est découvert, il faut les faire à toute vitesse. Dans ce dernier cas, l'escadrille doit se mouvoir, pour ainsi dire, par bonds successifs, en parcourant à chaque bond un espace d'environ 50 mètres ou un peu plus. Cette manière de faire a l'avantage de ne pas trop exposer les hommes et de leur permettre en même temps de conserver suffisamment de souffle pour pouvoir recommencer le feu immédiatement (1).

356. La prescription de ne faire feu que de pied ferme n'empêche pas que,

(1) Cette manière de passer d'une position à l'autre est très fréquemment employée dans le combat, particulièrement en avançant. On devra y exercer la troupe avec soin, d'abord sur la place d'armes, et ensuite sur des terrains variés.

quand l'escadrille est en mouvement, lorsqu'elle marche, par exemple, au pas, couverte par un abri, tel ou tel soldat ne puisse tirer quelques coups de fusil sur l'ennemi; mais il ne doit le faire que sur le commandement du chef d'escadrille et quand il a des chances de toucher.

357. Menacée par quelques cavaliers attaquant en ordre dispersé, l'escadrille doit se défendre par son feu et, s'il y a lieu, avec la baïonnette, mais en restant déployée. Si cependant le nombre des cavaliers ennemis est tel que le chef d'escadrille juge nécessaire de leur opposer une résistance compacte, il rassemble rapidement son escadrille, fait mettre la baïonnette au canon, et dispose sa troupe en ligne, en demi-cercle ou en cercle, suivant que l'attaque menace d'être plus ou moins enveloppante : l'essentiel est d'accueillir l'ennemi par un feu aussi intense que possible, ce qui exige que tous les hommes puissent tirer commodément.

Dès que le danger a disparu, le chef d'escadrille fait de nouveau déployer sa troupe.

358. L'escadrille déployée faisant feu, lorsqu'apparaît le moment opportun pour attaquer, le chef d'escadrille donne l'avertissement

Attention pour l'attaque :

Les soldats mettent la baïonnette, en continuant toujours à avancer, s'ils étaient en marche, ou à faire feu de pied ferme, s'ils étaient en position.

En règle générale, ce n'est pas au moment même de l'attaque qu'on met la baïonnette au canon, mais bien 2 à 300 mètres avant de joindre l'ennemi.

359. Le moment de l'attaque arrivé, à 100 mètres environ de la position occupée par l'ennemi, le chef d'escadrille commande

A la — BAIONNETTE :

Les hommes s'élancent alors à toute vitesse sur l'ennemi, en se resserrant un peu sur le centre, et en criant à diverses reprises : *Savoïa ! Savoïa !* Ceux qui ont l'arme chargée font feu si l'occasion s'en présente, mais s'en s'arrêter, sans ralentir l'allure et en prenant garde de ne pas blesser leurs camarades.

Le chef d'escadrille commande ensuite

suivant les cas : *Halte—Feu—En avant*, etc.; ou bien : *En retraite—Pas de course—Halte—Feu*, etc.

360. Quand l'escadrille est de pied ferme et ne fait pas feu, le chef d'escadrille n'a pas de place déterminée; il doit se tenir de manière à pouvoir voir, diriger et commander.

Quand l'escadrille fait feu, son chef doit tirer aussi et se porter au besoin sur la ligne (1).

Dans l'attaque, il doit diriger personnellement ses hommes vers le point sur lequel il faut faire effort.

361. Le chef d'escadrille est responsable de la direction de sa troupe, de la position qu'elle occupe et des feux qu'elle fournit. Il se tient en relations avec les escadrilles voisines et fait exécuter à la sienne tout ce qui est commandé ou ordonné par le chef de peloton.

Il fait à la voix tous les commandements.

---

(1) Voir page 81.

PELOTON.

362. Normalement, dans le combat en ordre dispersé, le peloton déploie en *chaîne* la moitié de sa force, soit une escouade, et conserve l'autre moitié comme *renfort* en ordre formé (1).

363. Le renfort est précisément destiné à *renforcer* la chaîne à tout moment, en se déployant soit pour allonger la chaîne, soit pour la rendre plus épaisse, soit aussi à l'occasion, pour le relever. Dans certains cas, il peut encore être porté en ligne en ordre fermé pour concentrer son feu sur un point déterminé, ou bien pour concourir à l'attaque ou à la contre-attaque. D'après cela, il est nécessaire que le renfort ne soit jamais à plus de 100 mètres de la chaîne.

364. Pour déployer une de ses escouades, le chef de peloton désigne les deux files du centre marquant la séparation

---

(1) Voir page 75.

des escouades ; il fait ensuite passer en serre-files les guides du peloton et commande

Escouade de droite (ou *de gauche*) — *EN CHAINE* :

Le chef d'escouade, se portant alors devant le centre de son escouade, la divise en deux escadrilles et commande

Escouade en avant — MARCHE.

365. Quand ensuite l'escouade doit se déployer, le chef du peloton commande :

Déployez à — DROITE, si toute l'escouade doit se déployer à droite ;

Déployez à — GAUCHE, si toute l'escouade doit se déployer à gauche ;

Déployez à—DROITE et à GAUCHE, si l'escadrille de droite doit se déployer à droite et celle de gauche à gauche.

On doit, en principe, laisser entre les escadrilles déployées un intervalle de 6 pas, que l'on peut, dans certaines circonstances, augmenter jusqu'à ce qu'il atteigne l'étendue d'une escadrille entière déployée.

Quand on est exceptionnellement obligé de déployer le peloton entier, son chef se sert des commandements indiqués ci-dessus.

366. Le chef d'escouade veille à ce que les hommes de sa propre escadrille soient convenablement embusqués ; à partir du déploiement jusqu'à ce que l'escouade se reforme en ordre fermé, il doit s'occuper tout particulièrement de son escadrille et se considérer comme étant simplement chef d'escadrille, à moins que le chef de peloton n'en ordonne autrement.

367. L'escouade de renfort reste en place jusqu'à ce que la chaîne se soit éloignée de 100 pas, ou moins, suivant les ordres donnés par le chef de peloton ; son chef la fait ensuite avancer pour la maintenir constamment à la distance prescrite.

Si la chaîne devait se former sur la ligne même qu'occupait le peloton en ordre plein, ou seulement un peu en avant de cette ligne, le renfort rétrograderait pour se porter à bonne distance.

L'escouade de renfort se tient ordinairement derrière le centre de la chaîne ; néanmoins, elle peut aussi se tenir derrière l'une des deux ailes, si le chef de peloton le juge convenable.

Le chef de l'escouade de renfort cherchera à la mettre à couvert derrière quelqu'abri ; quand cela ne sera pas possible, il fera *ouvrir* les files à un, deux ou trois pas l'une de l'autre et coucher les hommes à terre. En ce qui le concerne personnellement, il doit toujours être en mesure de voir les mouvements de l'escouade en chaîne pour les seconder, et d'entendre les commandements du chef de peloton pour les faire promptement exécuter.

368. Pour faire ouvrir à un, deux ou trois pas d'intervalle les files d'une escouade en ordre fermé, qu'elle soit de pied ferme ou en marche, le chef d'escouade commande

Ouvrez à—DROITE (ou *à GAUCHE*), *à tant de pas :*

La file de gauche (ou de droite) ne bouge pas, ou continue à marcher droit devant elle; les autres files prennent à droite ou à gauche l'intervalle prescrit, par un mouvement de flanc ou oblique.

Pour faire ouvrir les files sur le centre, le chef d'escouade commande :

Ouvrez — A DROITE ET A GAUCHE, à tant de pas.

Pour faire resserrer les intervalles sur une aile ou sur le centre, il commande :

Serrez à—DROITE (ou à *GAUCHE*).

Ou bien :

Serrez sur le—CENTRE...

369. Le chef de peloton doit spécialement s'occuper de la chaîne, qui est sous son commandement direct : à cet effet, il se tient à 20 mètres au plus de la chaîne et ordinairement derrière son centre, de manière à avoir l'œil sur toute sa troupe et à pouvoir faire entendre ses commandements, qui sont toujours donnés à la voix.

Pendant la marche, le chef de peloton peut, lorsqu'il le croit opportun, se porter sur la chaîne pour en mieux diriger les mouvements.

Dans les assauts, le chef de peloton doit être en première ligne pour ajouter, par sa présence, à la vigueur de cette manœuvre décisive et aussi pour pouvoir la mieux diriger.

Il a toujours auprès de lui un clairon, ou un caporal, ou un soldat chargé de porter ses ordres ou avis.

Il est naturellement responsable de la

conduite de son peloton ; il doit en régler au mieux tous les mouvements, en se conformant aux ordres qu'il reçoit. Mais il n'en doit pas moins laisser aux chefs d'escadrille cette liberté d'action raisonnable qui leur est indispensable pour bien adapter au terrain la disposition de leurs troupes respectives.

370. Les chefs des escadrilles en chaîne doivent répéter tous les commandements du chef de peloton qui concernent leurs escadrilles.

Quand le commandement du chef de peloton n'est pas précédé de l'indication *escouade* ou *escadrille*, la chaîne exécute le mouvement comme si elle ne formait qu'une seule unité. Si, au contraire, le mouvement doit se faire escouade par escouade, ou escadrille par escadrille, le commandement du chef de peloton est alors précédé de l'indication *escouade* ou *escadrille*...

371...

Pour faire exécuter un changement de front aux escadrilles déployées, qu'elles soient de pied ferme ou en marche, le chef de peloton établit d'abord une des escadrilles dans la nouvelle direction. Il ordonne ensuite aux chefs des autres escadrilles de les porter sur cette direction, en leur faisant exécuter les mouvements nécessaires de conversion et de marche en avant ou en retraite, suivant les cas. Ces mouvements sont commandés par les chefs d'escadrille.

372. Le chef du peloton se sert du renfort :

a) Pour allonger la chaîne sans l'éclaircir, soit à une aile, en y déployant l'escouade de renfort tout entière, ou bien une seule de ses escadrilles et conservant l'autre comme renfort ; soit aux deux ailes, en déployant sur le prolongement de chacune d'elles une des escadrilles de l'escouade de renfort.

b) Pour compléter la chaîne quand il existe un intervalle considérable entre les deux escadrilles déployées : en déployant dans cet intervalle une des escadrilles de l'escouade de renfort.

c) Pour donner plus de force à la chaîne : en portant sur l'un quelconque de ses points l'escouade de renfort en ordre fermé.

En principe, il est bon que les escadrilles d'une escouade soient contiguës dans la même chaîne et non entremêlées avec celles d'une autre escouade, parce que, dans ce dernier cas, il devient plus difficile de les réunir. Toutefois, on peut entremêler les escadrilles quand c'est nécessaire, lorsque, par exemple, il faut allonger la chaîne par les deux ailes, ou bien allonger une aile et fermer l'intervalle existant au centre de l'escouade primitivement déployée.

Ce qu'il faut éviter, c'est de mélanger les files de diverses escadrilles, en intercalant celles des escadrilles de renfort dans les files de l'escouade déjà déployée, parce que cela occasionne désordre et confusion.

En conséquence, lorsque le chef de peloton voudra épaissir la chaîne sans en diminuer la longueur, il devra, au préalable, faire resserrer les intervalles entre les files de la chaîne primitive, et ensuite déployer, soit à l'une des ailes, soit au centre, l'escouade entière de renfort ou seulement l'une de ses escadrilles.

373. Le chef de peloton peut aussi

utiliser l'escouade de renfort pour lui faire occuper une nouvelle position en avant, en arrière ou sur le flanc de la chaîne. Après avoir déployé le renfort sur cette position, il réunit l'autre escouade pour l'employer à son tour comme renfort, ou encore il lui fait occuper une nouvelle position, et ainsi de suite. Cette manière de prendre des positions successives peut être quelquefois avantageuse, particulièrement dans les marches en retraite; mais c'est une manœuvre toujours difficile et parfois même dangereuse, à moins qu'on ne la fasse exécuter par échelons.

374. Il y a, suivant les circonstances, diverses manières de faire relever la chaîne par le renfort.

Si le renfort doit se déployer en avant, en arrière ou sur le flanc des escadrilles en chaîne, le relèvement s'effectue avec facilité, de la manière indiquée au n° 373.

Si, au contraire, il est nécessaire que les escadrilles de renfort prennent la place même occupée par celles qui sont en chaîne, le relèvement se fait ordinairement escadrille par escadrille : on empêche ainsi tout désordre de se produire et on n'a pas à interrompre le feu. L'escadrille de renfort se déploie en arrière de la ligne occupée par l'escadrille à relever; celle-ci voyant l'autre arrivée à quelques pas de la ligne, se rassemble à droite ou à gauche pour éviter de traverser les files de la nouvelle escadrille et se porte ensuite en renfort à la place de cette dernière. Quand cependant la disposition du terrain, la nature de la position ou les circonstances du moment rendent nécessaire que les deux escadrilles se relèvent, pour ainsi dire, file par file, celle de renfort se déploie quelques pas en arrière de la position; ses files vont aussitôt après occuper les intervalles de celles de l'escadrille à relever, qui battent ensuite en retraite au commandement de leur chef.

Il se produit toujours une certaine perturbation quand on relève la ligne, surtout par les moyens indiqués en dernier lieu : ces mouvements ne doivent se faire que loin de l'ennemi, c'est-à-dire, quand on n'est pas engagé dans un combat trop vif.

375. Le chef de peloton peut rassembler la

ligne sur la droite, sur la gauche ou sur le centre.

376. Il peut aussi faire ouvrir ou resserrer les intervalles comme il a été indiqué précédemment pour l'escadrille isolée.

377. Dans les feux, il se conforme aux prescriptions données ci-dessus pour l'escadrille.

378. Contre la cavalerie, les escadrilles du peloton se règlent sur ce qui a été prescrit à l'instruction d'escadrille.

Les escadrilles menacées doivent seules se rassembler et se réunir en groupes ; les autres ne se pelotonnent que successivement, parce que si cet ordre offre plus de résistance, il a l'inconvénient de diminuer l'efficacité du feu.

Si la cavalerie se montre nombreuse et menaçante, mais à distance, le chef de peloton fait resserrer son ordre de combat en diminuant les intervales des files de la chaine et en faisant rapprocher le renfort; il peut alors, quand l'occasion s'en présente, réunir rapidement tout son peloton par le commandement de *Ralliement* et le disposer en ligne, en demi-cercle ou en cercle.

Mais si la cavalerie arrive à l'improviste, les groupes doivent se former escadrille par escadrille; le renfort forme un groupe distinct : ce serait s'exposer à un désastre certain que de laisser joindre les files du peloton par la cavalerie lorsqu'elles sont éparpillées, pendant les mouvements qu'elles ont à faire pour se rallier.

Ce premier ralliement terminé, si on est encore menacé d'autres attaques de cavalerie, au commandement de *Serrez*, du chef de peloton, les divers groupes chercheront à se réunir deux à deux et ensuite à n'en former qu'un seul; mais en agissant ainsi, ils auront soin de rester compactes, prêts à se défendre et de ne marcher qu'au pas, lentement, dans le plus grand ordre.

379. Pour l'attaque, le chef de peloton se conforme à ce qui est prescrit pour l'escadrille.

L'escouade en chaine s'avance par bonds successifs, de position en position et en exécutant les feux de pied ferme.

Le renfort suit le mouvement.

Lorsque la chaîne est arrivée à la dernière position, le renfort se porte avec elle sur la ligne, pour concourir à l'attaque.

II

380. Quand le peloton défend une position, on le prépare à la contre-attaque par les mêmes commandements et les mêmes moyens que pour l'attaque.

La contre-attaque peut être exécutée par le peloton entier ou seulement par une de ses parties, qui est ordinairement le renfort; dans ce dernier cas, elle doit être dirigée contre l'un des flancs de l'assaillant.

Pour réussir, il est nécessaire qu'elle se produise au moment opportun, à l'improviste et rapidement. Au surplus, il ne faut pas perdre de vue que la défense la plus efficace consiste dans le feu à courte distance. On ne peut négliger ce moyen principal de défense pour se lancer sur l'ennemi que quand ce dernier commence à rétrograder, ou du moins quand il n'avance plus et que le désordre se met dans ses rangs.

A la contre-attaque, succède le feu de pied ferme ou le ralliement, suivant les cas.

381. Quand un peloton est appelé à combattre isolément (lorsqu'il est de patrouille ou d'avant-postes), il peut être avan-

tageux, surtout au commencement de l'action, de *mettre en tirailleurs* une seule escouade, ayant une escadrille déployée et l'autre en *renfort*. La seconde escouade reste alors un peu en arrière, en ordre fermé, comme *soutien*. Dans ce cas, l'escouade en tirailleurs se comporte d'après les règles précédemment données pour le peloton. (Une escouade isolée agirait de même dans des circonstances analogues). Quant au peloton lui-même, il se règle sur ce qui est dit ci-après pour la compagnie.

RÈGLEMENT TACTIQUE ITALIEN

INSTRUCTION DE L'ESCOUADE ET DU PELOTON

Méthode à employer pour exercer l'escouade et le peloton à utiliser le terrain.

Cette instruction a lieu comme l'instruction individuelle, par compagnie, sous la direction et la surveillance du capitaine.

La compagnie est divisée en deux ou plusieurs détachements, à chacun desquels on attache un officier comme instructeur, et un ou deux sous-officiers.

On prend, dans chaque détachement, 8 à 12 hommes, dont on forme une escouade ; les autres hommes du détachement assistent à la manœuvre comme spectateurs; ils relèvent successivement les premiers, de manière que tous soient exercés tour à tour.

Pendant les premiers exercices, l'escouade est commandée par un sous-officier; on la fait commander ensuite par des caporaux et même par des soldats que leur intelligence rendrait propres à remplir, à l'occasion, les fonctions de chef d'escouade.

L'instructeur indique avec précision l'emplacement qu'il suppose occupé par l'ennemi. Puis, il ordonne au chef d'escouade de faire prendre position à sa troupe, dans une zone de terrain d'environ 20 à 30 pas de rayon, autour de l'endroit où elle se trouve.

Le chef d'escouade examine le terrain; il choisit la position à occuper, y conduit son escouade et y établit une file destinée à servir de base au déploiement. Il détermine, comme il le juge à propos, les intervalles à laisser entre les files; enfin il ordonne le déploiement en faisant les commandements règlementaires.

L'escouade se déploie alors à gauche

de la file de base ; chaque soldat choisit sa position dans la zone nécessairement restreinte de terrain qui lui est assignée, en se conformant aux indications données à l'instruction individuelle. Les hommes d'une même file restent réunis ; ils se placent ordinairement à côté l'un de l'autre. Ils peuvent aussi se placer exceptionnellement l'un derrière l'autre pour utiliser le même abri, mais à condition qu'aucun d'eux ne soit gêné pour faire feu.

Le chef d'escouade rectifie, s'il y a lieu, l'emplacement et la position des files ; il ne cherche pas à obtenir un alignement symétrique et rectiligne. L'important en ceci, est surtout que les hommes se prêtent un mutuel appui, que le terrain en avant soit complètement battu et que les files des ailes puissent voir et battre aussi le terrain qui est sur leurs flancs.

Il n'y aura pas d'inconvénients à grouper deux ou plusieurs files derrière le même obstacle, pourvu qu'elles restent en liaison avec les files voisines.

Il n'y en aura pas non plus à ce que certaines files prennent position un peu en avant ou en arrière de la ligne, pourvu qu'elles ne gênent pas les autres et qu'elles ne soient pas gênées par elles.

L'escouade étant définitivement établie, l'instructeur fera approcher le reste du peloton, lui fera examiner la position, rectifiera, s'il y a lieu, les dispositions prises et vérifiera si l'emplacement choisi était le meilleur qu'on pût occuper dans la zone de terrain où le chef d'escouade avait la latitude d'agir.

L'escouade ayant ainsi appris à prendre position sur place, l'instructeur lui montrera comment on se transporte d'une position à une autre. Il ordonnera, à cet effet, au chef d'escouade, de mettre sa troupe en marche, de la faire avancer d'une quantité qu'il indiquera et de lui faire de nouveau prendre position.

Pour porter sa troupe en avant, le chef d'escouade peut, à volonté, et suivant les circonstances, la laisser déployée ou la ressembler en ordre fermé, de front ou par le flanc.

Quand l'escouade marche déployée, chaque file utilise les abris pour se couvrir, comme il est dit à l'Instruction individuelle ; le chef d'escouade conduit la file de direction et surveille la marche des autres.

Les spectateurs suivent des yeux les mouvements de l'escouade. L'instructeur et les autres gradés appellent leur attention sur ce qu'ils offriraient de remarquable.

Arrivée sur l'emplacement choisi par son chef, l'escouade s'y établit ; l'instructeur vérifie et rectifie, à l'occasion, la position prise. Il la fait examiner par le reste du peloton, comme il a été dit précédemment.

On procède d'une manière analogue pour apprendre à l'escouade à battre en retraite et à marcher dans des directions parallèles au front.

On complètera l'instruction de l'escouade par des exercices dans lesquels deux ou plusieurs escouades agiront de concert ; les files extrêmes de chaque groupe auront soin de rester constamment en relations avec les groupes voisins.

MANIÈRE D'UTILISER LES ABRIS

DE PIED FERME ET EN MARCHANT.

1° De pied ferme.

Les indications relatives à la manière dont le soldat isolé doit tirer parti des abris sont généralement applicables à l'escouade.

Celle-ci choisit de préférence les abris qui sont sensiblement parallèles au front à occuper. Elle les utilise, suivant leur forme et leur étendue, soit pour se couvrir tout entière, soit pour couvrir seulement quelques-unes de ses files.

C'est surtout la configuration du terrain qui sert de guide au chef d'escouade pour déterminer les intervalles à laisser entre les files : ces intervalles seront moindres en terrain couvert qu'en terrain uni et facilement praticable. Cette distinction vient de la nécessité de faire en sorte que les files d'une même escouade se prêtent toujours un mutuel appui, et que le terrain en avant soit complètement battu dans toutes ses parties.

Les files pourront être plus espacées et conséquemment couvrir un front plus étendu, quand le terrain en avant sera assez accidenté pour n'être que difficilement praticable à l'ennemi.

Lorsque deux escouades agissent de concert, leurs files extrêmes doivent rester en communication; si cette communication venait à être interrompue, les chefs d'escouade en seraient avertis, et l'une des deux troupes se rapprocherait alors de l'autre.

Les escouades faisant partie d'une même chaîne ne se préoccupent pas de rester correctement alignées; elles se règlent surtout sur la configuration du terrain, sans s'écarter cependant de la direction vers laquelle elles ont à faire front.

Il faut veiller d'une manière toute particulière à ce que le terrain en avant soit complètement battu, même dans celles de ses parties qui se trouvent en face des intervalles de deux escouades voisines.

2° *En marchant.*

L'escouade marche ordinairement déployée; elle peut cependant marcher en ordre fermé, par le flanc ou de front, dans l'un des deux cas suivants :

a) Lorsque le terrain est tellement accidenté qu'il n'offre que quelques passages difficiles : l'escouade fait alors protéger ses flancs par une ou plusieurs files chargées de surveiller l'ennemi.

b) Lorsque le terrain, quoique complètement découvert, offre un passage bien abrité, comme seraient une route encaissée, un fossé ou tout autre obstacle de même genre.

Quand l'escouade marche déployée, les divers s files se règlent sur celle de direction; l'une d'elles peut cependant, à l'occasion, la devancer en prenant le pas de course pour traverser un espace découvert, mais elle doit s'arrêter le plus tôt possible pour attendre les autres.

Dans les mouvements de retraite en présence de l'ennemi, l'escouade ne se rassemble que s'il lui est impossible de faire autrement, ou bien pour dégager le front, quand elle a derrière elle d'autres troupes prêtes à faire feu.

Dans tous les autres cas, la troupe se

retirera de position en position, par escouade ou par demi-escouade. Il faudra se retirer par demi-escouade quand quelques files, bien embusquées et presque complètement à couvert, pourront tenir l'ennemi en respect pendant que les autres iront occuper une bonne position en arrière. Ces dernières files une fois établies, celles qui étaient en avant se replieront à leur tour au pas de course, soit sur la même ligne, soit plus en arrière.

Les mouvements parallèles au front ne se font, autant que possible, qu'à l'abri d'obstacles convenables, derrière lesquels l'escouade marche déployée; si ces obstacles ont une certaine élévation, il ne faut pas négliger de faire surveiller le terrain en avant.

Quand deux escouades agissent de concert, elles doivent rester en communication pendant la marche; elles se relient, au besoin, par des files isolées, pour ne jamais se perdre de vue, surtout en terrain difficile.

EXERCICES DE COMBAT.

La septième partie du règlement, sur

l'Instruction tactique traite des *Exercices de combat.*

Elle offre un intérêt particulier, parce que les rédacteurs du règlement italien se sont attachés surtout à indiquer des règles, à poser des principes, à développer des méthodes d'instruction à l'usage des militaires qui en ont le plus besoin, de ceux qui, simples caporaux ou sous-officiers, ne séjournent pas assez longtemps sous les drapeaux pour y trouver l'occasion d'apprendre, sur les vrais champs de bataille, la manière de diriger convenablement, pendant le combat, les hommes dont le commandement leur est confié.

Aujourd'hui que les guerres durent peu, chacun doit s'exercer, pendant la paix, à remplir les devoirs qui lui incomberont en campagne. Ce dressage préalable est surtout utile pour les hommes de troupe et les sous-officiers, dont l'action individuelle est devenue si importante, depuis que l'adoption d'armes de précision à tir rapide et à grande portée oblige à fractionner les troupes en une infinité de petits groupes, ayant à jouer chacun un rôle, non pas indépendant, mais distinct, et dont les efforts ne peuvent devenir efficaces qu'à la condition d'être coordonnés et combinés toujours en vue d'un but unique, qui est l'anéantissement de l'ennemi.

Le mérite du règlement italien consiste en ceci, qu'il a surtout en vue le dressage des petites unités, des plus faibles patrouilles, de l'escouade, du peloton et de la compagnie. Il ne néglige pas non plus les corps de troupes plus considérables, le bataillon, le régiment, la brigade : mais il y insiste moins, parce que ces troupes sont commandées par des officiers possédant naturellement une certaine habitude des choses de la guerre et aussi parce qu'il devient presque facile de les conduire lorsque chacune des sous-unités dont elles se composent est convenablement dressée et exercée.

La partie du règlement tactique consacrée aux exercices de combat se divise en trois chapitres, ainsi qu'il suit :

1. — Généralités.

2. — Méthode d'instruction.

3. — Exemples de combats.

GÉNÉRALITÉS.

Les exercices de combat ont pour but de dresser les troupes *à combattre avec habileté*.

Ils se divisent en quatre catégories, suivant la force des troupes qui y prennent part :

a) Les *exercices de 1er degré* sont exécutés par les détachements dont la force est inférieure à celle d'une compagnie.

b) Les *exercices de 2e degré* sont exécutés par la compagnie ou le bataillon.

c) Les *exercices de 3e degré*, par plusieurs bataillons à la fois, jusqu'à la brigade inclusivement; les troupes des trois armes y prennent part simultanément.

d) Les *grandes manœuvres* sont exécutées par des divisions entières régulièrement constituées.

A partir des exercices de bataillon, il faut, de temps à autre, ajouter à l'infanterie de l'artillerie (jamais moins d'une section, 2 pièces) et de la cavalerie (jamais moins d'un peloton).

On insiste particulièrement sur les

exercices de 1er degré, qui constituent la véritable école de combat pour le soldat et les sous-officiers. Si les commandants de compagnie apportent à ces exercices élémentaires le soin et l'intelligence nécessaires, l'éducation tactique de leur troupe pourra être considérée comme achevée lorsqu'elle aura terminé les exercices de 1er degré. Quand le soldat sait bien combattre dans l'escouade, qui est le premier élément de l'ordre dispersé, et dans le peloton, qui est le premier élément de l'ordre fermé, il saura combattre en toute circonstance : sa situation relative est en effet indépendante de l'effectif des troupes engagées, puisque, quel que soit cet effectif, il fait toujours partie ou d'une escouade ou d'un peloton.

Les exercices de 2e degré ont spécialement pour objet l'instruction des capitaines, lieutenants et sous-lieutenants; c'est là que ces officiers apprennent à conduire leurs troupes avec ordre, discernement et à propos.

Les exercices de 3e degré, enfin, ont plus particulièrement en vue l'instruction des officiers supérieurs, à qui l'on enseigne alors la manière de diriger leurs troupes d'après les sains principes de la tactique et les circonstances du moment, soit quand elles sont isolées, soit quand elles agissent de concert avec d'autres troupes de même arme, ou d'armes différentes.

Pour faciliter la bonne exécution des exercices de combat, il est nécessaire d'indiquer d'abord quelques règles conventionnelles et de préciser certains principes sur les points suivants :

Choix du terrain.

Force des partis opposés.

Programme des exercices.

Direction des exercices.

Décisions pendant le combat.

Il sera avantageux de changer de terrain le plus souvent possible. On ne se préoccupera de la forme et des accidents du terrain que dans la zone plus ou moins restreinte *où les troupes ont à opérer;* on fera abstraction de la configuration du terrain environnant, pour ne pas rendre les exercices trop difficiles et compliqués, surtout quand il s'agit de manœuvres exécutées par de petites fractions de troupes.

FORCE DES PARTIS OPPOSÉS. — La force des deux partis opposés est proportionnée à la nature de l'opération que chacun d'eux doit exécuter.

Ces partis seront le plus souvent de forces différentes.

L'ennemi est dit *représenté*, quand le détachement le figurant comprend effectivement le nombre d'hommes qu'on lui suppose.

L'ennemi est dit *marqué*, quand on se borne à faire indiquer par quelques hommes la position qu'il est censé occuper : cette méthode peut être employée dans les exercices qui ne comportent pas l'exécution d'un combat simulé.

PROGRAMME DES EXERCICES. — Chaque manœuvre de combat s'exécute d'après un programme (*tema*), en faisant connaître l'idée générale et le but.

Le programme se compose de trois parties : l'hypothèse, la proposition et les prescriptions.

L'hypothèse indique avec précision la situation de guerre dans laquelle sont censés se trouver les deux partis et chacun d'eux. Elle fournit les données de temps, de lieu et de forces nécessaires pour définir clairement l'opération à exécuter.

La proposition est l'énoncé de l'opération à faire et du but à atteindre.

Les prescriptions précisent l'endroit où l'opération aura lieu, la manière générale dont elle devra se développer, la position initiale de chaque parti, l'heure du commencement de la manœuvre et, s'il y a lieu, les circonstances de toute nature devant exercer une influence quelconque sur l'un ou l'autre des partis, ou sur tous les deux à la fois.

Les programmes sont courts, clairs et précis. On les rédige ordinairement par écrit, excepté pour les exercices d'escouade et de peloton, et on les fait connaître, autant que possible, à l'avance, de façon à permettre de les étudier et d'en préparer les moyens d'exécution.

Les programmes relatifs aux exercices du combat sont donnés :

Ceux de compagnie, par le commandant du bataillon;

Ceux de bataillon, par le commandant du régiment;

Ceux de régiment, par le commandant de la brigade;

Ceux de brigade, par le commandant de la division.

Dans les exercices d'escouade et de peloton, l'opération à faire doit être connue de tous ceux qui y prennent part comme acteurs ou comme spectateurs; on la leur explique convenablement. Pour les exercices d'un degré plus élevé, le programme est mis à l'ordre du jour ou, au moins, communiqué verbalement à tous les officiers; les capitaines en expliquent ou en font expliquer le développement à leurs hommes pendant le cours de l'opération.

Les positions initiales des partis opposés doivent être assez éloignées pour que chacun ait à prendre les dispositions préliminaires de marche, de sûreté, d'exploration précédant ordinairement le combat, dispositions qu'il est toujours possible de prendre en temps de paix, absolument comme on le ferait en temps de guerre.

On ne doit jamais faire de suppositions contraires à la réalité, ni à propos du terrain, ni en ce qui concerne la force des partis, ni pour quelqu'autre chose que ce soit : ce serait tomber dans l'absurde.

DIRECTION DES EXERCICES. — En général, les exercices de combat sont dirigés par les officiers qui en ont rédigé le programme. Ceux-ci ont soin de laisser le plus d'initiative possible aux commandants des deux partis.

Pour interrompre la manœuvre, on fait faire la sonnerie de *Halte*, précédée des quatre premières reprises de la *Fanfare royale*. Pour la recommencer, on fait sonner *En avant*, avec le même refrain.

Le directeur se tient dans une position convenable pour pouvoir suivre toutes les phases de la manœuvre. A la fin de l'exercice, il réunit les officiers et leur fait une *critique* raisonnée des opérations exécutées.

Voici quelques indications générales dont le directeur devra s'inspirer quand il fera la critique mentionnée ci-dessus.

Sera répréhensible :

Celui qui, en terrain couvert, ne se fait pas éclairer sur son front et sur ses flancs;

Celui qui déploie des tirailleurs en terrain couvert, sans s'être assuré, au préalable, que ce terrain n'est pas déjà occupé par des troupes amies;

Celui qui déploie une chaîne de tirailleurs derrière une autre;

Celui qui, séparé des troupes voisines par une ondulation de terrain ou par tout autre obstacle masquant la vue, ne se relie pas à ces troupes au moyen de quelques patrouilles et ne prend pas de dispositions pour parer aux tentatives que pourrait faire l'ennemi dans le but de s'introduire entre elles et lui;

Celui qui, exclusivement préoccupé de sa troupe et du terrain qu'elle occupe, perd de vue la direction générale, le but fixé par le commandant en chef et ne concourt pas à sa réalisation par tous les moyens dont il dispose;

Celui qui, trop influencé par les accidents de terrain à sa portée, altère le front de bataille, s'écarte de la direction générale et contribue à en faire écarter les troupes voisines;

Celui qui, sans motifs particuliers, tient une troupe en ordre fermé assez près des tirailleurs pour qu'elle soit exposée à l'action efficace du feu dirigé contre ceux-ci ;

Celui qui expose au feu de l'ennemi une troupe dont l'action serait paralysée par la présence d'une autre troupe en avant d'elle ;

Celui qui, sans raisons, tient sa troupe en colonne sous le feu de l'ennemi, particulièrement sous celui de l'artillerie ;

Celui qui, sans nécessité, place ses troupes derrière sa propre artillerie, ou les en rapproche assez pour qu'elles souffrent du feu dirigé contre les pièces ;

Celui qui gaspille ses munitions ;

Celui qui fait des feux rapides sans nécessité, contre un adversaire trop éloigné, peu nombreux et peu entreprenant, ou contre des troupes qu'il s'agit non de repousser, mais simplement de tenir à distance ;

Celui qui reste dépourvu de réserve dès le commencement du combat ;

Celui qui exécute une attaque sans l'avoir préparée par le feu, à moins que les dispositions de l'adversaire ne soient de nature à justifier cette tentative ;

Celui qui se laisse surprendre par une attaque de cavalerie;

Celui qui entreprend une charge de cavalerie sans s'être assuré que le terrain permet de la pousser à fond ;

Celui qui charge de front une infanterie en ordre, pouvant faire librement usage de son feu, ou une batterie en position, surtout sur une route, sans la faire en même temps charger de flanc ;

Celui qui, ayant fourni deux charges consécutives sans résultat, en entreprend une troisième avec les mêmes troupes et dans les mêmes conditions;

Celui qui met son artillerie en batterie sur une position battue par le feu efficace de l'ennemi, sans que l'importance du but à atteindre justifie un pareil choix ;

Celui qui met son artillerie en batterie sans but et sans lui assurer un champ de tir convenable ;

Celui qui, en dehors des cas d'absolue nécessité, éloigne suffisamment son artillerie pour qu'elle ne puisse plus être soutenue par les troupes voisines et ne lui donne pas une escorte particulière ;

Celui qui, par excès de prudence, replie

son artillerie avant qu'elle courre un danger véritable, et celui aussi qui, par excès de témérité, s'obstine à rester en batterie et compromet la sûreté de ses pièces, sans compensation suffisante;

Celui qui établit son artillerie sur une position d'où elle ne pourrait se retirer au besoin, ou qui la dirige sur une position qui, n'ayant pas été préalablement reconnue, serait inaccessible;

Celui enfin qui, occupant une position, ne se donne pas la faculté d'y manœuvrer librement, et n'en fait ni étudier, ni préparer les abords quand cela est nécessaire.

Les indications générales relatives à l'artillerie, contenues dans les six derniers alinéas ci-dessus, n'ont rien d'absolu; l'essentiel est de ne point exposer l'artillerie, ni les troupes, à des pertes inutiles; mais il ne faut jamais hésiter à les compromettre au besoin : dans certains cas, *la crainte de perdre des canons devient une faute impardonnable.*

On doit s'attacher, pendant les exercices de combat, à conserver toujours le plus grand ordre; éviter tous mouvements et tous bruits inutiles ; ne pas s'obstiner à rectifier les petites fautes, ces rectifications occasionnant ordinairement plus d'embarras et de désordre que les fautes elles-mêmes.

DÉCISIONS PENDANT LE COMBAT. — Les effets produits sur le champ de bataille, soit par le feu de l'ennemi, soit par l'élan et la bravoure des troupes, ne peuvent entrer en ligne de compte dans les combats simulés ou, du moins, ne peuvent y être ni utilement, ni efficacement représentés.

Pour éviter les contestations et pertes de temps, on a imaginé l'intervention de *Juges de camp* (*Giudici di campo*), véritables arbitres, qui tranchent sur les lieux mêmes, pendant le cours de la manœuvre, toutes les questions douteuses.

Les juges de camp sont des officiers d'un grade quelconque : on les reconnaît à un nœud blanc qu'ils portent au bras gauche.

Leurs décisions n'ont trait qu'aux opérations particulières soumises à leur arbitrage ; elles sont sans appel et immédiatement exécutoires. Les juges de camp sont simples spectateurs ; ils ne prennent aucune part à la direction, ni à la marche du combat et n'interviennent que pour décider :

a) Si une troupe doit se retirer du combat pour se reformer;

b) Si une troupe doit être considérée comme se trouvant hors de combat, ou prisonnière, ou dispersée, ou détruite;

c) Si une attaque a échoué ou réussi.

En cas d'échec, la troupe battue doit se retirer à au moins 300 mètres en arrière.

Les juges de camp déclarent hors de combat tout détachement faisant feu sur l'adversaire à moins de 100 mètres, ou se rapprochant à plus de 100 mètres de lui : c'est une mesure d'ordre.

Le directeur de l'exercice remplit aussi les fonctions de juge de camp.

Quand deux troupes sont en présence, si aucun juge de camp ne se trouve sur les lieux, c'est l'officier le *plus élevé en grade,* acteur ou spectateur, qui prononce dans tous les cas douteux.

MÉTHODE D'INSTRUCTION.

Sur le pied de guerre, chacun des quatre pelotons de la compagnie est fort de 42 soldats, cadres non compris ; l'escouade de 21 et l'escadrille de 10.

Ces nombres, 10 et 21, indiquent les limites dans lesquelles doit varier la force des groupes manœuvrant l'un contre l'autre en temps de paix, suivant que l'on veut figurer des combats d'escouade ou d'escadrille. Dans les explications qui vont suivre, la qualification générique *de groupe* s'applique indistinctement à l'escouade ou à l'escadrille.

Pour les exercices de combat, la compagnie est généralement divisée en deux groupes, dont la force varie dans les limites ci-dessus indiquées. Le capitaine dirige les exercices ; les officiers, sous-officiers et soldats non employés suivent la manœuvre comme spectateurs.

Le programme de l'exercice doit être simple, de manière à éviter les combinaisons et mouvements compliqués. On laisse toujours aux chefs de groupe une entière liberté quant au choix des moyens à employer pour atteindre le but indiqué. Mais, pour les amener progressivement à n'user de cette liberté qu'avec à-propos et discernement, on devra commencer les exercices par des manœuvres dites *obligées*, les continuer par des manœuvres *demi-libres* et les terminer par des manœuvres *libres*.

La manœuvre est *obligée*, quand le programme précise non-seulement le résultat, mais aussi, au moins en partie, les procédés à employer et la série des opérations à exécuter pour y parvenir.

La manœuvre est *demi-libre*, quand le programme n'en indique que le résultat, sans insister ni sur les moyens à employer, ni sur les opérations à exécuter.

La manœuvre est *libre*, quand les procédés à employer, les opérations à faire et le résultat sont uniquement subordonnés à l'habileté des deux partis, constatée, au besoin, par les décisions des arbitres.

Quel que soit le genre de manœuvre employé, il est toujours avantageux de diviser l'exercice en plusieurs *moments* distincts, correspondant aux diverses phases de l'opération générale. Dans une attaque, par exemple, il y a autant de moments distincts que de positions successivement occupées par l'assaillant.

Dans les retraites, la défense de chaque position successive peut aussi constituer un moment. Dans une attaque de flanc, le premier moment se produira à l'instant où l'on détache du gros de la colonne les troupes chargées d'exécuter la diversion ; le deuxième, au moment où ces troupes occupent la position d'où elles doivent assaillir l'ennemi ; le troisième, au moment où elles prononcent leur attaque.

L'exercice est interrompu après chaque moment : le directeur profite de ces temps d'arrêt pour faire les observations qu'il juge utiles.

Les positions initiales des partis opposés doivent être distantes d'au moins sept cents mètres.

L'opération commencée, les deux partis ont à se considérer comme se trouvant véritablement en présence de l'ennemi et à régler leur conduite en conséquence.

On ne fait jamais usage des sonneries dans les exercices de groupes. Il faut convenir de certains signaux correspondant aux indications ci-après et destinés à faciliter les échanges d'avis entre le gros des troupes et les files placées ou envoyées en observation : *Attention — En avant — Halte — En retraite — A-droite — A-gauche — L'ennemi est en vue — Ralliement*, etc.

Le chef de groupe commence par expliquer clairement à ses hommes ce qu'ils ont à faire. Il les dispose en formation de combat, soit de pied ferme, soit pour marcher, et leur donne les instructions qu'il croit nécessaires. Il leur indique ensuite avec précision la direction dans laquelle se trouve l'ennemi et leur commande d'être toujours attentifs de ce côté : mais cela ne doit pas empêcher les soldats de ne jamais non plus perdre de vue leur chef, et d'être constamment prêts à exécuter les ordres qu'il leur donne à la voix ou seulement par gestes.

Le feu ne commence que sur l'ordre du chef de groupe; *il doit cesser au premier avis*. L'homme n'est autorisé à tirer sans ordre que pour donner l'alarme ou pour sa défense personnelle.

L'instructeur règle l'intensité du feu, de manière qu'elle aille en augmentant à mesure que l'ennemi se rapproche, et qu'elle atteigne son maximum au moment où l'assaillant, arrivé à bonne portée, quitte ses abris pour marcher à l'assaut.

C'est en agissant par son feu qu'une troupe doit essayer d'abord de déloger l'adversaire en position. Quand on marche en avant, il ne faut pas perdre son temps à utiliser tous les accidents de terrain; on n'occupe que les bonnes positions couvrant bien la troupe et lui permettant de faire feu avec efficacité. Si le feu suffit à déterminer la retraite de l'adversaire, l'assaillant s'élance sur la position abandonnée, l'occupe et, de là, poursuit de son feu l'ennemi qui se retire. Si le feu est impuissant à provoquer la retraite des défenseurs, on a recours à l'attaque à la baïonnette, qui s'exécute par les moyens indiqués dans le règlement d'exercices. Quand cette attaque a réussi, on se reforme sur la position conquise; le chef de groupe décide ensuite, suivant les circonstances, s'il faut s'y établir pour continuer le feu ou la quitter pour entamer la poursuite.

Celle-ci exige du calme et de la circonspection : il faut prendre garde de tomber dans les embûches où l'ennemi essaierait de vous attirer par une retraite simulée.

La retraite des troupes défendant une position peut être motivée soit par la prépondérance du feu de l'ennemi, soit par une attaque de flanc couronnée de succès, soit encore par la propre volonté des défenseurs, lorsque leur mission consiste simplement à couvrir, comme arrière-garde, la retraite d'autres troupes.

La retraite des troupes attaquant une position peut être motivée, au contraire, ou par la force intrinsèque de la position attaquée, ou par la proportion numérique relative des deux partis, ou par une contre-attaque, ou enfin par l'adresse qu'auraient eue les défenseurs d'attirer l'assaillant dans une embuscade à l'aide d'une retraite simulée.

Dans tous les cas, les défenseurs doivent savoir que lorsqu'ils ont réussi à repousser l'ennemi, le meilleur moyen de hâter sa retraite et de lui faire du mal consiste, non pas à se précipiter en désordre sur ses traces, mais à prendre position et à l'accabler de feux rapides bien dirigés.

La retraite ne commence jamais que sur un ordre exprès du chef de groupe.

On s'attache à bien faire comprendre aux soldats que quand on est contraint d'abandonner une position, il ne faut pas chercher à tirer parti des moindres obstacles du terrain pour essayer d'y continuer la résistance. On doit, au contraire, se retirer rapidement, au pas de course, particulièrement en terrain découvert, jusqu'à ce qu'on arrive sur une position vraiment favorable, où l'on puisse espérer de rétablir le combat.

La retraite s'exécute par le groupe entier à la fois, ou par échelons.

Il est prudent, quand on bat en retraite, de faire des détours pour gagner la position que l'on veut occuper : on évite ainsi de gêner le feu des troupes qui y seraient déjà établies.

Il faut du discernement et du tact pour saisir le moment opportun de commencer la retraite : on ne doit pas se retirer trop tôt; on ne doit pas non plus prolonger assez la résistance pour s'exposer à être détruit ou entouré.

EXEMPLES DE COMBATS.

Avant d'aborder cette partie, essentiellement pratique, du règlement tactique italien, il convient de faire connaître quelques définitions utiles.

Tout détachement en marche dont la force est inférieure à celle d'un peloton porte la dénomination de *patrouille* (*pattuglia*).

La patrouille est dite petite, quand elle comprend 2 à 8 hommes; *moyenne*, quand elle en comprend de 8 à 16; *grosse*, quand elle se compose de 16 à 40 hommes.

Toute patrouille en marche se fait précéder d'une *pointe* et suivre d'une *queue*, détachements de sûreté, dont l'éloignement et la composition varient suivant le terrain et le nombre d'hommes composant la patrouille; quand sa force le permet, elle détache aussi des *flanqueurs* sur ses flancs.

Toute patrouille en station se garde militairement, en s'entourant de sentinelles, ordinairement prises dans les détachements qui, pendant la marche, formaient la pointe, la queue et les flanqueurs; la patrouille disposée dans cet ordre est dite en *halte gardée* (*fermata protetta*).

On nomme *postes d'avis* (*posti d'aviso*) des détachements de sûreté établis sur des points, ponts, grand'routes, hauteurs, clochers, etc., permettant de voir et de surveiller de grandes étendues de terrain du côté de l'ennemi. Les postes d'avis ne doivent généralement pas combattre : leur force varie de 3 à 16 hommes.

Les circonstances de guerre pouvant donner lieu à des exercices de combat pour les pelotons ou patrouilles offrent nécessairement peu de variété.

En voici quelques exemples :

1° *Instruction du groupe.*

Attaque d'un petit poste, d'un poste d'avis ou d'une petite patrouille en *halte gardée*, exécutée par une patrouille petite ou moyenne. — Rencontre de deux patrouilles petites ou moyennes en mouvement.

2° *Instruction du peloton.*

Attaque d'un petit poste ou d'une patrouille grosse ou moyenne en *halte gardée*, exécutée par une grosse patrouille. — Rencontre de deux grosses patrouilles en mouvement.

Voici maintenant quelques exemples d'exercices, dans lesquels certains programmes particuliers sont développés de diverses manières. On ne les donne pas comme des types à suivre invariablement, mais seulement comme des indications de nature à fixer les idées sur la manière de mettre en scène des programmes déterminés.

Exemples de combats du groupe.

A) Attaque d'un poste d'avis, d'un petit poste, ou d'une patrouille en *halte gardée*, exécutée par une patrouille petite ou moyenne.

On choisit un croisement de routes, dans un terrain ni trop nu, ni trop couvert, assez accidenté cependant pour permettre d'exécuter la manœuvre dans de bonnes conditions.

PREMIER EXERCICE.

Poste d'avis de 4 soldats et 1 chef de poste attaqué par une patrouille de 4 soldats et 1 chef de patrouille.

Le poste d'avis est établi au croisement des chemins ; il a détaché à environ 100 mètres, deux vedettes cachées derrière des arbres ou autres obstacles, de manière à voir en avant et à être vues par le poste. Le chef de poste et les deux autres soldats sont cachés dans un fossé ou ailleurs, de manière à voir les vedettes et à surveiller les directions qu'elles n'observent pas.

La patrouille, précédée à 100 mètres par deux soldats de pointe, s'avance le long de la route, en se dissimulant le mieux possible et en prenant les précautions règlementaires de sûreté.

L'un des détachements est le premier à découvrir l'autre : cela provient ordinairement de ce que ses dispositions étaient meilleures et qu'il a mieux observé. Le directeur de l'exercice en tient compte.

Supposons que le poste d'avis découvre la patrouille quand, par exemple, la pointe de cette dernière est encore à 600 mètres. La vedette qui a vu l'ennemi fait au chef de poste le signal correspondant à l'indication : *l'ennemi est en vue :* puis, elle continue à se tenir cachée pour ne pas se laisser voir. Si, de la position qu'il occupe, le chef de poste ne découvre pas l'ennemi, il se rapproche de la vedette, en s'efforçant de ne pas se montrer. Ayant reconnu qu'il a affaire à une petite patrouille, il réunit promptement son poste, et, sans perdre l'ennemi de vue, il se dispose à le recevoir à coups de fusil dès qu'il se sera approché jusqu'à 200 ou 250 mètres. Si le terrain le permet, il vaudra mieux encore se cacher et tendre à la patrouille une embuscade, soit en l'attendant jusqu'à 150 mètres, soit en laissant passer la pointe pour l'attaquer ensuite isolément.

Mais, si la patrouille marche avec précautions, elle ne tardera pas à découvrir l'ennemi et ne s'avancera pas jusqu'à lui.

Le chef de patrouille, voyant qu'il n'a affaire qu'à un faible détachement, réunira ses quatre hommes et cherchera à se porter promptement en un endroit couvert, d'où il puisse faire feu avec avantage sur l'ennemi. Il en résultera un combat qui, naturellement, ne peut durer longtemps.

Le directeur décide laquelle des deux troupes doit se retirer, et, après avoir vu commencer la retraite régulièrement, il fait cesser le feu et sonner le ralliement.

DEUXIÈME EXERCICE.

Petit poste de 4 soldats et 1 chef de poste attaqué par une patrouille de 6 soldats et 1 chef de patrouille.

Les dispositions préliminaires seront analogues à celles de l'exemple précédent.

Le petit poste fournit une vedette, auprès de laquelle les autres hommes sont cachés.

La patrouille recevra pour instructions : « de reconnaître la position et la force de l'avant-poste ennemi ; d'échanger avec lui, au besoin, quelques coups de fusil, mais de ne pas se laisser entrainer à un combat sérieux. »

Si la patrouille peut remplir sa mission sans se laisser découvrir par l'ennemi, son opération n'en sera que mieux réussie.

TROISIÈME EXERCICE.

Patrouille de 8 soldats et 1 chef de patrouille, en halte gardée, *attaquée par une patrouille de 12 soldats et leur chef.*

La patrouille en *halte gardée* se couvre en avant par les deux hommes qui formaient la pointe, à droite, à gauche et en arrière par une sentinelle, en tout cinq sentinelles, à environ 100 mètres du gros et placées de manière à voir au loin sans être vues.

L'autre patrouille marche avec deux hommes en pointe et deux en queue. Après les premiers coups de feu, elle reconnait que la patrouille ennemie lui est inférieure en force; elle se décide à l'attaquer vigoureusement.

Dans ce but, elle se subdivise en deux

ou trois petits groupes qui, sans s'éloigner beaucoup les uns des autres, ont plus de facilité pour avancer promptement à couvert. Arrivés à 300 mètres de l'ennemi, deux des groupes s'arrêtent derrière un abri quelconque et ouvrent un feu bien ajusté; l'autre groupe cherche à se porter sur le flanc de l'adversaire et à s'en rapprocher, sans être vu, jusqu'à environ 150 mètres. Dès que ce dernier groupe ouvre le feu, les deux autres s'efforcent de gagner du terrain sur le front, soit en se transportant d'abri en abri, soit en prenant le pas de course pour venir s'établir sur un point avancé, d'où ils puissent tirer à couvert.

La patrouille attaquée s'est ralliée; elle se défend de pied ferme, en utilisant au mieux le terrain et en ménageant son feu. Elle se tient en garde contre les mouvements tournants, et dès qu'elle aperçoit le groupe ennemi cherchant à se porter sur son flanc, elle modifie sa position primitive en cédant, au besoin, un peu de terrain, pour n'être pas prise entre deux feux.

Si l'assaillant hésite à avancer parce

que le terrain le séparant du défenseur est découvert, celui-ci peut simuler une retraite pour induire l'adversaire à se porter en avant, et dès qu'il lui voit quitter ses abris, il ouvre contre lui un feu rapide. Si alors, après un combat de pied ferme, l'assaillant est contraint de se retirer, le défenseur doit accélérer le feu, en continuant à bien ajuster. Dans les cas de ce genre, on fait plus de mal à l'ennemi par un feu rapide et bien dirigé qu'en se lançant à sa poursuite.

Le directeur décide laquelle des deux patrouilles doit se considérer comme repoussée, et céder le terrain.

B) *Rencontre de deux patrouilles petites ou moyennes en mouvement.*

Cet exercice peut se faire sur un terrain quelconque : il sera bon cependant que le terrain choisi ne soit ni trop couvert, ni trop coupé, afin que les troupes puissent s'y mouvoir sans grandes difficultés.

PREMIER EXERCICE.

Rencontre de front de deux patrouilles composées chacune de 8 soldats et 1 chef.

La patrouille A a pour mission « de s'avancer jusqu'à un point déterminé (celui, par exemple, d'où l'autre doit partir), de reconnaitre si ce point est occupé par l'ennemi, et si, de là, on peut découvrir l'adversaire. En cas de rencontre de l'ennemi, elle devra chercher à éviter le combat. »

La patrouille B doit « se porter en avant pour explorer une étendue de terrain déterminée et recueillir des nouvelles de l'ennemi. En cas de rencontre d'une patrouille ennemie, elle doit chercher à lui faire des prisonniers, pour en obtenir des informations. »

Chaque patrouille marche en prenant les précautions règlementaires de sûreté.

Trois cas peuvent se produire : la patrouille A est la première à découvrir la patrouille B; c'est, au contraire, la patrouille B qui découvre l'autre la première ; ou enfin, les deux patrouilles se découvrent en même temps.

Dans le premier cas, la patrouille A, qui a ordre d'éviter le combat, s'arrête et se tient cachée. Le chef de patrouille reconnaît promptement les forces de l'ennemi, puis il se met immédiatement en retraite, en continuant à se cacher. S'il réussit à regagner son point de départ sans avoir été vu par l'adversaire, il aura parfaitement rempli sa mission.

Si, au contraire, la patrouille B aperçoit la patrouille A et se met à sa poursuite, il en résulte quelques coups de fusil. La patrouille A doit continuer à se retirer, mais avec ordre, sans précipitation, et en répondant modérément au feu de l'adversaire ; si celui-ci la serre de trop près et se rapproche jusqu'à 200 mètres ou moins, et si elle trouve un endroit favorable à la résistance, elle s'y établit pour essayer d'arrêter l'ennemi.

Dans le deuxième cas, c'est la patrouille B qui découvre la première l'ennemi ; et, comme elle a pour mission de faire des prisonniers, dès qu'elle sait que l'adversaire ne lui est point supérieur en forces, elle cherche à se cacher, de manière à le laisser approcher et à l'assaillir à l'improviste.

Dans le troisième cas, lorsque les deux patrouilles se découvrent en même temps *de loin*, la patrouille A se retire, la patrouille B la poursuit et elles ne peuvent qu'échanger quelques coups de fusil. Mais, si les deux patrouilles sont *tout près* l'une de l'autre quand elles s'aperçoivent, elles engagent aussitôt un combat de pied ferme ; l'offensive est prise ensuite ordinairement par celle qui occupe la position la plus avantageuse. Toutefois, la patrouille A ne prendra l'offensive que pour se débarrasser de l'ennemi et se donner les moyens de rétrograder librement ; tandis que l'autre pourra la pousser plus à fond, dans le but de faire des prisonniers, ce à quoi, d'ailleurs, elle ne réussira pas, parce qu'il est prescrit que, *dans les exercices de combat,* on ne fait jamais de prisonniers : c'est une mesure d'ordre.

DEUXIÈME EXERCICE.

Rencontre de flanc de deux patrouilles : l'une de 14 soldats et 1 chef de patrouille ; l'autre de 8 soldats et 1 chef.

La patrouille A, composée de 14 hommes plus 1 chef de patrouille, « flanque une colonne à environ 300 mètres : elle a pour mission d'éventer les embuscades et de signaler à temps l'approche de l'ennemi. »

La patrouille B est composée de 8 hommes et 1 chef de patrouille : « on a appris qu'un corps ennemi exécute un mouvement de flanc ; la patrouille B reçoit mission de vérifier cette nouvelle et la force de la colonne ennemie. »

La rencontre aura lieu, cette fois, non plus de front, mais front contre flanc.

La patrouille A marche dans la formation réglementaire, et, si le terrain le permet, elle détache deux flanqueurs sur son flanc extérieur.

La patrouille B, sachant que l'ennemi est proche et que l'essentiel est d'accomplir sa mission sans se montrer, marche en ordre plus resserré et avec la plus grande circonspection.

La patrouille B, ayant découvert l'autre, change aussitôt la direction de sa marche, et, lorsque la configuration du terrain s'y prète, elle cherche à se tenir cachée et à marcher parallèlement à l'adversaire pour ne perdre de vue ni ses mouvements, ni sa direction de marche. Un soldat d'ordonnance reçoit l'ordre d'aller porter l'avis suivant aux troupes d'où la patrouille est détachée :

« Nous avons découvert en *tel* endroit une patrouille ennemie de 14 hommes d'infanterie, marchant dans *telle* direction; d'après ses dispositions de marche, elle paraît être une patrouille flanquante ; nous ne la perdons pas de vue et nous enverrons plus tard d'autres renseignements. »

Le soldat chargé de porter cet avis à l'officier qui a accompagné la patrouille jusqu'à son point de départ ne rejoint pas la patrouille ; il reste avec la partie de la compagnie assistant comme spectatrice à la manœuvre, ou suit l'officier, d'après les ordres qu'il reçoit.

Dès que la patrouille A aperçoit l'ennemi, elle ralentit son allure, ou même s'arrête un moment; puis elle envoie deux flanqueurs en exploration reconnaître promptement, mais avec précautions, la force du parti ennemi.

Voyant qu'il ne s'agit que d'un détachement de quelques hommes, le chef de la patrouille A envoie un soldat porter l'avis suivant à la colonne dont il dépend (soit à l'officier qui a accompagné la patrouille jusqu'à son point de départ) :

« Une petite patrouille ennemie est en vue à *tel* endroit et à *telle* distance; il n'y a pas à s'en préoccuper. Si elle se rapproche, nous la recevrons à coups de fusil; si d'autres troupes se montrent, on vous en donnera avis. »

Le soldat chargé de porter cet avis ne rejoint pas non plus la patrouille.

Dans ces conditions, le combat peut s'engager de diverses manières : ou bien la patrouille B s'approche à portée de fusil de la patrouille A, et celle-ci l'attaque; ou bien la patrouille A, se voyant découverte par la patrouille B, marche contre elle et l'attaque pour la repousser (le capitaine peut en envoyer l'ordre au chef de patrouille) ; ou enfin, l'une ou l'autre des patrouilles est renforcée par le capitaine et reçoit en même temps l'ordre d'attaquer.

Le combat se développe alors comme il est expliqué dans les exercices précédents, avec cette seule différence que les troupes en présence sont plus nombreuses.

Il peut arriver aussi que la patrouille A ne découvre que fort tard la patrouille B, et que celle-ci ait le temps de recevoir un renfort de 8 à 10 hommes envoyé par le directeur ; la patrouille B attaque alors l'autre patrouille à l'improviste, en queue et en flanc.

TROISIÈME EXERCICE.

Patrouille de 16 hommes rencontrant successivement deux patrouilles ennemies de 12 hommes chacune.

La patrouille A, de 16 hommes, est envoyée de X en reconnaissance vers Y. L'ennemi, qui est en Y, expédie également deux patrouilles, B et C, dans la direction de X. La patrouille B prend la route XY, qui est suivie, mais en sens inverse, par la patrouille ennemie A. La patrouille C marche sur une route latérale à l'autre, se dirigeant également vers X. Chacune des patrouilles B et C connait la force et la direction de l'autre; elles ont ordre de s'appuyer réciproquement en cas d'attaque.

Les deux patrouilles A et B, marchant à la rencontre l'une de l'autre, se découvrent en même temps : la patrouille A, se voyant plus forte, cherchera à mettre la patrouille B en déroute et à la chasser de la position où elle se sera établie.

Celle-ci, n'ayant pas de chances de pouvoir résister sur le terrain où elle se trouve, sachant de plus que la patrouille C est dans les environs, se repliera lentement dans la direction de cette dernière, en s'efforçant de lui donner avis, par son feu, de la présence de l'ennemi. Le chef de la patrouille B pourra expédier à la patrouille C une ordonnance chargée de la renseigner sur la force de l'ennemi, sur la direction de retraite suivie par la patrouille B, et sur les meilleurs moyens à employer pour se rejoindre ou pour attirer l'ennemi dans une embuscade.

Le chef de la patrouille C, averti par le feu ou par l'émissaire qu'il aura reçu, dirigera rapidement sa patrouille vers le lieu du combat, mais sans se départir des précautions ordinaires de sûreté ; il reconnaîtra bientôt la situation respective des partis aux prises et arrêtera ses résolutions en conséquence ; il pourra, soit se joindre à la patrouille B pour la soutenir et passer de concert à l'offensive, soit s'établir sur le flanc de l'ennemi et saisir une occasion favorable pour l'assaillir au moment où il s'y attendrait le moins.

Dans l'un et l'autre cas, le chef de la patrouille C informera immédiatement celui de la patrouille B de la résolution qu'il aura prise, et lui indiquera comment il pourrait, de son côté, aider au succès commun.

On retombe alors dans un des cas précédemment examinés : rencontre de front de deux patrouilles, ou attaque de front et de flanc exécutée contre une patrouille par deux autres ; incidents qui peuvent donner lieu à des retraites, occupations de positions, changements de front et autres opérations analogues.

Exemples de combats du peloton.

Attaque d'un petit poste ou d'une patrouille moyenne ou grosse en *halte gardée,* exécutée par une grosse patrouille.

PREMIER EXERCICE.

Petit poste de 10 hommes soutenu par une grand'-garde de 20 hommes et attaqué par une patrouille de 20 hommes.

On suppose la grand'garde chargée de défendre un petit pont sur un canal ou tout autre cours d'eau non guéable.

La grand'garde prend position en deçà du pont ; le petit poste est établi au contraire à 400 mètres au delà, du côté de l'ennemi, sur la route aboutissant au pont.

Il a pour consigne « de surveiller les partis ennemis qui tenteraient de s'approcher et, en cas d'attaque, de tenir le pont jusqu'à l'arrivée des renforts. »

Le commandant de la grand'garde a eu soin de reconnaître le terrain occupé.

La patrouille attaquante a pour mission « de reconnaitre la route conduisant au pont, d'examiner les conditions topographiques de ce passage et de vérifier comment il est gardé par l'ennemi. »

La patrouille marchera en se tenant, comme toujours, le plus cachée possible ; elle cherchera à s'approcher du pont, non par la route qui y conduit directement et qui est nécessairement surveillée, mais par un chemin ou sentier latéral, ou mieux encore, quand le terrain le permet, à travers champs.

Dès que sa pointe découvre les sentinelles du poste, la patrouille s'arrête et se cache. Son chef s'avance, sans se montrer, et cherche à reconnaitre en détail la position de l'ennemi.

Si, par hasard, les mauvaises dispositions prises par ce dernier permettent d'approcher, sans être découvert, jusqu'en un point d'où l'on puisse voir le pont et la grand'garde, la patrouille en profitera pour exécuter sa reconnaissance sans tirer un coup de fusil ; sa mission se trouverait ainsi parfaitement bien remplie et dans les meilleures conditions.

Si, au contraire, le chef de patrouille est dans l'obligation de repousser le petit poste, il doit chercher à l'assaillir de flanc et par surprise, et à profiter du désordre qui en résultera nécessairement, pour voir ce qui l'intéresse.

Il peut arriver que le petit poste soit le premier à découvrir la pointe de la patrouille sans être lui-même vu par elle ; la grand'garde lui envoie alors des renforts avec le secours desquels il se tient prêt à recevoir l'ennemi.

Si le petit poste est surpris (et dans les exercices, on devra le considérer comme tel, lorsque la patrouille pourra s'approcher jusqu'à 200 mètres sans être vue), il se repliera aux premiers coups de feu. La grand'garde lui enverra immédiatement des renforts ; le reste de cette garde sera en soutien.

Si le petit poste est le premier à découvrir la patrouille, on le fera renforcer dès qu'il annoncera l'approche de l'ennemi. Si le terrain le permet, le renfort pourra essayer de se porter secrètement sur les flancs de la patrouille, pour l'assaillir à l'improviste.

De toutes façons surgit un combat dans lequel chaque parti a une fraction de ses forces en première ligne et l'autre en soutien.

DEUXIÈME EXERCICE.

Grosse patrouille en halte gardée *attaquée par une grosse patrouille.*

On choisit pour cet exercice un terrain plutôt couvert, sur lequel se trouve une ferme ou un petit village.

La patrouille A, de 20 hommes, a pour mission « de reconnaître le village et de s'y procurer des nouvelles de l'ennemi. »

La patrouille ennemie B, de 30 hommes, a la même mission que la patrouille A ; elle a reçu, en outre, pour instructions « de s'arrêter dans le village et d'en détacher deux petites patrouilles chargées d'explorer le terrain en avant, jusqu'à un kilomètre du village. »

En fixant les heures de départ des deux partis, le capitaine fera en sorte que la patrouille B arrive la première dans le village, ou du moins y arrive avant que la patrouille A l'ait complètement occupé.

La rencontre aura lieu dans deux circonstances diverses :

Ou quand la patrouille B, ayant déjà occupé le village, a détaché ses deux patrouilles d'exploration; c'est alors l'une de ces dernières qui rencontrera l'ennemi.

Ou quand une partie de la patrouille A, commençant l'exploration du village, voit surgir la pointe de la patrouille B.

Première hypothèse. — La patrouille B est arrivée dans le village et a reconnu qu'il n'est pas occupé par l'ennemi; elle le traverse alors, détache ses deux patrouilles d'exploration et se forme en *halte gardée* dans une position convenable, d'où elle ne soit pas vue et d'où elle puisse facilement déboucher, soit pour se porter en avant, soit pour se retirer.

Une des deux patrouilles d'exploration est découverte par la patrouille A. Celle-ci, croyant n'avoir affaire qu'à un tout petit détachement ennemi, l'attaque et vient donner contre le gros de la patrouille B en *halte gardée*.

Si, au contraire, la petite patrouille

est la première à découvrir la patrouille A, elle se cachera ou se retirera, suivant les instructions reçues, et enverra ou portera aussitôt avis à la patrouille B de l'approche de l'ennemi. Pendant ce temps, la patrouille A, arrivée à 200 ou 300 mètres du village, se sera formée en *halte gardée* et aura détaché une petite patrouille en exploration. Le chef de la patrouille B, ayant reçu avis de la présence de l'ennemi, replie ses sentinelles et prend ses dispositions pour se retirer au besoin ; mais auparavant, il vérifie lui-même la force de l'ennemi. Le voyant moins nombreux que sa propre troupe, il se décide à l'attaquer.

Deuxième hypothèse. — Le chef de la patrouille A, informé par ses premiers éclaireurs que le village ne parait pas occupé, y pénètre avec 5 ou 6 hommes, laissant à l'entrée le reste de sa patrouille formé en *halte gardée*.

Surviennent alors les premiers éclaireurs de la patrouille ennemie ; on échange quelques coups de fusil, prélude d'un combat, suivi de la retraite d'un des deux partis ; l'autre parti poursuit l'adversaire.

Mais il peut arriver aussi que la patrouille B ait su, par un habitant sorti du village, qu'une patrouille ennemie, établie en tel endroit, se disposait à le fouiller; le chef de la patrouille B, contournant alors le village, cherchera à attaquer le flanc ou les derrières de la patrouille ennemie.

On comprend facilement que les deux hypothèses faites ci-dessus peuvent varier à l'infini. Aussi ne les a-t-on développées que pour donner une idée des combinaisons multiples auxquelles se prêtent ces sortes de circonstances.

TROISIÈME EXERCICE.

Rencontre de deux grosses patrouilles en mouvement.

Cet exercice est dirigé et exécuté d'après des principes analogues à ceux qui ont été donnés pour le groupe.

Dans le premier programme choisi, on préparera une rencontre front contre front; dans le suivant, on en préparera une de flanc.

Voici un exemple de programme :

« Une patrouille A, de 20 à 24 hommes, est chargée de recueillir des nouvelles de l'ennemi, qu'on suppose établi de l'autre côté d'un cours d'eau. Elle aura à traverser un pont et à se porter à un kilomètre au delà, si c'est nécessaire, pour remplir sa mission. »

Dans le parti opposé, un peloton B de 25 à 30 soldats « est chargé de vérifier si quelque patrouille ennemie aurait passé le pont, et, à l'occasion, de la refouler au delà et d'occuper le pont pendant au moins une heure, s'il peut s'y maintenir. »

Ce programme peut servir aussi pour une manœuvre dans laquelle on voudrait figurer un passage de pont de vive force en avant ou en retraite. Il suffit de combiner convenablement la marche des patrouilles et de rédiger en conséquence les instructions particulières données à chacune d'elles.

RÈGLEMENT AUTRICHIEN

TITRE II.

Instruction du soldat dans le peloton.

L'école de peloton se subdivise en quatre parties :

I. Prescriptions générales.

II. De la marche.

III. Préparation du peloton en vue du combat.

IV. Honneurs militaires.

PREMIÈRE PARTIE.

Prescriptions générales.

Formation du peloton et de ses subdivisions.

Le peloton *(Zùg)* se forme sur deux

rangs, séparés l'un de l'autre par *distance de rang*.

La distance de rang est de deux *largeurs d'homme*, environ 1^{m}40; elle se compte de la ligne des talons du premier rang à celle des talons des hommes du second rang.

Les hommes du premier rang serrent vers la droite à demi largeur de main; ceux du second rang couvrent derrière leurs chefs de file.

Deux hommes placés l'un derrière l'autre forment une file *(Rotte)*; deux files voisines forment une double file *(Rottenpaar)*.

Le peloton est, suivant sa force, divisé en un ou plusieurs *essaims (Schrwärme)*, ayant chacun, autant que possible, le même nombre de files, 4 au moins, 7 au plus. D'après cela, un peloton de 22 files, par exemple, formera 4 essaims comptant: ceux des ailes 6 files, et ceux du centre 5 files. Les essaims sont numérotés de la droite à la gauche.

Sont attachés à chaque peloton, dans la compagnie d'infanterie ou de chasseurs, sur le pied de guerre, un officier ou un suppléant-officier, chef de peloton *(Zùgs-Kommandant)* et quatre sous-officiers, dont 1 sergent *(Zùgs-führer)*.

Les 4 sous-officiers se tiennent aux ailes de chaque rang, le sergent toujours à la droite du premier rang, ayant un sous-officier *(Korporal)* derrière lui.

Pour former le peloton comme il vient d'être indiqué, le sergent commande

A vos rangs (Antreten) :

Les hommes se rangent alors sur un rang. Les gradés, également sur un rang, se placent face à la troupe et à 3 pas d'elle.

Le sergent fait compter les hommes par deux — *un; deux* — *un; deux* — de la droite à la gauche. Les numéros *un* sont destinés à former le premier rang; les autres, le second.

Le sergent commande alors

En peloton (In den — ZUG) :

A ce commandement, les hommes du second rang se placent derrière leurs voisins de droite; tous serrent ensuite à demi largeur de main vers la droite.

Cela fait, le sergent divise le peloton de la droite à la gauche en doubles files, de telle sorte que les deux files de droite composent la première double file, les deux suivantes, la deuxième et ainsi de suite. Puis, il forme les essaims, à droite de chacun desquels il place un gefreite au premier rang; enfin, il divise le peloton en deux demi-pelotons.

Les gradés sont répartis comme suit : le sergent à la droite du premier rang : il commande le premier essaim; derrière le sergent, à la droite du second rang, un korporal, chef du deuxième essaim; à la gauche du premier rang, un korporal, chef du quatrième essaim; derrière lui, à la gauche du second rang, un autre korporal, chef du troisième essaim.

Chaque chef d'essaim se porte devant sa troupe pour s'en faire connaître; il désigne nominativement et à haute voix un de ses subordonnés pour le remplacer au besoin; puis, il va reprendre sa place de bataille.

Le soldat doit connaître ses voisins dans chaque rang, son chef d'essaim et le suppléant éventuel de ce dernier; il doit savoir aussi de quelle double file et de quel essaim il fait partie.

Le peloton étant ainsi formé, le sergent en prévient l'officier chef de peloton, lui fait connaître le nombre d'hommes présents, lui rend les honneurs militaires indiqués à la 4e partie du présent titre, et attend ses ordres.

Ralliement. — On exerce d'abord le peloton à se disperser et à se rallier sur deux rangs, soit au pas *(Vergatterùng)*, soit à la course *(Alarm)*.

On exerce aussi les hommes à se jeter instantanément à terre, même lorsqu'ils sont sur deux rangs, au commandement de :

A terre (Nieder) ;

Et à se relever au commandement de :

Debout (Auf).

Manière de conduire un peloton et ses subdivisions.

L'école de peloton est une préparation à l'école de compagnie. Elle doit être faite avec soin et intelligence. Le chef de peloton ne se borne pas à exiger l'exécution mécanique des mouvements : il explique aux hommes et s'efforce de leur faire comprendre leur objet et leur utilité.

Le chef de peloton fait ordinairement ses commandements à la voix. Quand il ne peut se faire entendre de toutes les parties de sa troupe, il lui est permis de se servir d'un sifflet pour appeler l'attention des sous-officiers et des hommes, à qui il fait alors connaître, par gestes, sa volonté. Si le sifflet et les gestes sont également insuffisants, le chef de peloton fait transmettre ses ordres par l'intermédiaire d'ordonnances; il les formule avec clarté et précision, en employant, autant que possible, les termes mêmes indiqués par le règlement pour les commandements correspondant aux mouvements qu'il veut faire exécuter; c'est le meilleur moyen d'éviter les erreurs.

Il est avantageux qu'en prononçant un commandement, le chef de peloton indique en même temps aux hommes, par un signe de la main ou de l'épée, la direction à suivre ou le mouvement à exécuter.

Quand la troupe est en tirailleurs, le chef de peloton se tient sur ou derrière la ligne des essaims, à l'endroit d'où il peut le mieux diriger le tout. Il ne s'occupe que de l'ensemble des essaims et évite de s'immiscer dans la manière d'être ou de faire de chaque tirailleur en particulier.

Il a soin de ménager constamment les forces du soldat. Il le laisse marcher à l'aise quand cela est possible.

Le pas accéléré *(Schnellschritt)* ne doit pas se marcher pendant plus de trois minutes consécutives.

Quant au pas de course, on ne l'emploie que pendant deux minutes, à l'expiration desquelles on marche cinq minutes au pas. Cette allure mixte ne peut se soutenir que pendant seize minutes, réparties en trois reprises de deux minutes au pas de course, séparées par deux reprises de cinq minutes au pas.

Quand les tirailleurs ont à se mouvoir avec rapidité, ils font une courte pause tous les 50 à 60 pas.

A rangs serrés, le fusil se porte habituellement à l'épaule et sans baïonnette; le chef de peloton peut cependant faire mettre la baïonnette au canon lorsqu'il le juge à propos.

Les compagnies sur le pied de paix étant très faibles, il sera nécessaire de compléter l'instruction des gradés en les faisant manœuvrer de temps à autre avec des pelotons renforcés aux effectifs de guerre.

Formations et mouvements accessoires.

(Mouvements que le peloton peut exécuter sur la ligne de bataille).

Sous ce titre, le règlement autrichien décrit les positions et mouvements suivants :

Alignements : Ils se font d'après les principes et par les commandements indiqués à l'école du soldat. Les hommes du second rang couvrent derrière leurs chefs de file.

Faire face en arrière et revenir face en tête.

Contre-marche : A peu près comme en France.

Ouvrir et serrer les rangs : les rangs ouverts sont à distance de rang plus deux pas, environ trois mètres l'un de l'autre.

Maniement d'armes et feux.

Le règlement indique d'abord, dans ce paragraphe, la manière de former et rompre les faisceaux.

Pour faire charger les armes, le chef de peloton commande

1. Pour charger *(Laden)*.
2. Chargez *(La—DET)* :

Au second commandement, chaque homme du second rang porte le pied droit à un pas en avant et sur la droite; il place ensuite le pied gauche dans la position prescrite pour la charge.

Les feux se divisent, comme il a été dit à l'école du soldat, en salves et feux individuels; ils s'exécutent sur un ou sur deux rangs. Dans ce dernier cas, les deux rangs peuvent être debout; ou encore le premier rang couché et le second à genou; enfin, les deux rangs peuvent être accroupis : les hommes se relèvent alors pour tirer et reprennent la position accroupie après avoir fait feu.

Les feux sont directs ou obliques. Ils s'exécutent souvent avec la baïonnette au canon.

Quand on veut mettre le peloton sur un rang pour faire exécuter les feux, le chef de peloton commande

OUVREZ — sur un — RANG :

La file du centre — qui est la file de gauche du demi-peloton de droite — ne bouge pas. Les autres appuient à droite et à gauche de manière que les hommes du second rang puissent venir se placer à côté et à gauche de leurs chefs de file.

Pour reformer la troupe sur deux rangs, le chef de peloton commande :

En — PELOTON (*In den — ZUG*).

On peut faire charger les armes en marchant ; mais il faut toujours s'arrêter pour faire feu.

Il est bon d'envoyer en avant quelques soldats figurant l'ennemi ; c'est sur eux que la troupe doit viser.

Dans les exercices de feux individuels, le chef de peloton indique le nombre de cartouches que chaque homme doit brûler. Après le feu, il vérifie l'exécution de ses ordres.

DEUXIÈME PARTIE.

De la marche.

Marche de front.

Pour mettre le peloton en marche, le chef de peloton commande

1. *Pour marcher (Marschiren).*
2. *Direction sur. . . . . (tel objet).*
3. *Peloton — MARCHE.*

La marche oblique et les conversions s'exécutent par les commandements et d'après les principes indiqués à l'École du soldat.

Le peloton étant en marche sur deux rangs, l'instructeur le fait former sur un rang par le commandement de

OUVREZ — sur un — RANG:

Le mouvement s'exécute sur la file de gauche du demi-peloton de droite; les hommes du second rang se placent à la gauche de leurs chefs de file.

Le peloton se reforme sur deux rangs au commandement de

En — PELOTON.

Le peloton étant en marche sur deux rangs, lorsque l'instructeur commande

A terre — (Nieder):

Tout le monde se couche. Les hommes du premier rang font un pas de plus en avant, afin de laisser à ceux du second l'espace nécessaire pour se coucher.

Sur une route dont la largeur ne permet pas au peloton de marcher de front, on rompt par essaims, au commandement de

Par essaims — ROMPEZ :

Le premier essaim continue à marcher; les autres raccourcissent le pas et obliquent à droite pour venir se placer derrière lui en colonne, chaque essaim à *distance de rang* de celui qui le précède.

On reforme le peloton au commandement de

Vers la gauche, déployez—MARCHE:

Le peloton est exercé au *Sammeln* (Rassemblement). Le *Sammeln* peut se faire par homme, par file, par essaim, ou par file dans chaque essaim simultanément, au pas, au pas accéléré ou au pas de course.

En général, le chef de peloton ne se

transporte sur la nouvelle position qu'avec la dernière file ou le dernier échelon du peloton. Cependant il peut aussi, lorsqu'il le croit nécessaire, se déplacer en même temps que le premier échelon; il fait alors surveiller par les chefs d'essaim le départ successif des hommes restés sur l'ancienne position.

Passer de la formation de front à celle de flanc, par deux ou par quatre.

Le peloton se forme par le flanc sans doubler les files, par deux, ou en les doublant, par quatre.

Dans le premier cas, on commande

A droite (ou gauche) *par deux — DROITE* (ou gauche) *(Reihen, rechts (links) — UM) :*

Chaque homme fait à-droite ou à-gauche sur place. Si le rang est mis en marche dans cette formation, la file de tête fait seule le pas de 0^{m}75; les autres raccourcissent les premiers pas, comme il a été dit à l'École du soldat, pour prendre distance suffisante afin de pouvoir marcher à l'aise. Les hommes du second rang serrent à gauche sur ceux du premier.

Le doublement des files se fait d'après des principes analogues à ceux du règlement français, mais on double toujours *en avant* de l'alignement.

Le chef de peloton commande

Par quatre, à droite — DROITE.

(*Doppelreihen, rechts — UM*) : la file de droite de chaque double file, qui est formée des hommes ayant les numéros impairs, fait à droite sur place. Dans la file de gauche de chaque double file, qui est formée des hommes ayant les numéros pairs, chaque soldat, après avoir fait à-droite, fait un pas en avant et à gauche, de manière à venir se placer à côté et à gauche de son voisin habituel dans le rang dont il fait partie.

Chaque file se trouve alors composée de quatre hommes qui sont, en commençant par la gauche, le numéro pair du premier rang, le numéro impair du premier rang, le numéro pair du second rang et le numéro impair du second rang.

Pour bien comprendre ce mouvement, il faut ne pas oublier que, dans la formation de front, les rangs sont à 1m40 l'un de l'autre : il en résulte que le numéro pair du second rang peut doubler à gauche du numéro impair sans que ce dernier ait à faire un pas à droite, comme il arrive dans le règlement français.

Quand on fait par le flanc gauche, ce sont les numéros impairs qui doublent à droite des numéros pairs.

Pendant la marche, la direction se prend du côté du premier rang doublé.

Marche de flanc et mouvements qui en dépendent.

Le peloton par le flanc est mis en marche par les mêmes commandements que quand il est de front.

Dans cet ordre, il peut marcher obliquement à droite ou à gauche.

Il est exercé à changer de direction par file, à rompre par deux ou par un et à se reformer ensuite par deux ou par quatre.

Le *Sammeln* (Rassemblement) se fait par le flanc de la même manière que de front.

Passer de la formation de flanc à celle de front.

Le peloton par le flanc, *de pied ferme* ou en marche, se *forme en ligne* vers la droite ou vers la gauche, par le premier ou par le second rang ; il revient aussi à la formation de front, en faisant à droite ou à gauche et en serrant ensuite ses files sur la droite, s'il marchait par deux.

Etant par le flanc, il se reforme de front, à l'occasion par le *Sammeln* (rassemblement) : le chef de peloton indique d'abord le point sur lequel le *Sammeln* doit s'effectuer, puis il commande

1. *Rassemblement et déploiement (Sammeln ùnd aùfmarschiren)*.

2. *Par file* (ou par essaim, ou individuellement).

3. *MARCHE*.

Le peloton rompt alors par file, par essaim ou individuellement ; chaque échelon se dirige vers le point indiqué, et les hommes s'y forment en bataille à mesure qu'ils y arrivent.

TROISIÈME PARTIE.

Préparation du peloton en vue du combat.

Les deux premières parties de l'École de peloton contiennent l'indication des mouvements mécaniques que la troupe doit savoir exécuter. La troisième partie est l'application de ces mouvements, leur mise en pratique pendant le combat.

Cette partie se divise en 6 paragraphes :

a) Manière de combattre du peloton ;

b) Manière d'utiliser le terrain ;

c) Emploi du feu ;

d) Progression à suivre pour dresser un essaim au combat ;

e) Progression à suivre pour dresser un peloton au combat ;

f) Exécution d'un combat avec le peloton.

Manière de combattre du peloton.

La manière dont on dispose un peloton pour le combat dépend des circonstances et du but à atteindre.

Toutefois, il existe trois formations principales de combat :

1° Le peloton peut être employé partie *en ligne d'essaims* (en France, nous dirions : en tirailleurs) et partie en soutien :

2° Tout entier en tirailleurs ;

3° Tout entier en soutien.

Quelle que soit la formation adoptée, le peloton agit surtout par son feu : c'est le feu qui non-seulement engage l'action, mais même en prépare et en avance le dénouement, de telle sorte qu'une attaque à la baïonnette suffit ensuite pour décider le succès.

La ligne d'essaims (Schwarmlinie), se compose des fractions de troupes les plus rapprochées de l'ennemi.

Le *soutien* (*Unterstützung*), se compose de troupes qui, étant destinées à alimenter et à renforcer la ligne de feu, ne doivent pas se tenir à plus de 100 pas (75 mètres) des tirailleurs les plus avancés.

En principe, l'*espacement des tirailleurs* est réglé de manière qu'il se trouve un tirailleur sur chaque partie du front à occuper ayant deux pas (1^m50) d'étendue. C'est d'après ces données — un tirailleur pour deux pas du front — qu'on doit calculer la force d'une ligne destinée à occuper un front d'étendue déterminée.

Quand il est nécessaire de donner plus d'intensité à la ligne de feu, on compte un tirailleur pour chaque pas du front. Les hommes sont alors pour ainsi dire coude à coude, sur un rang, et la ligne ainsi formée est dite *ligne épaissie*.

Dans les limites ci-dessus indiquées — un tirailleur pour deux pas du front — *l'espacement des essaims* varie suivant les circonstances, l'attitude de l'ennemi et le terrain. Quel que soit cet espacement, les essaims doivent conserver entre eux une constante et intime liaison; ils se règlent, pendant la marche, sur l'essaim de direction désigné par le chef de peloton.

Dans chaque essaim, l'espacement des soldats varie aussi suivant le terrain et les circonstances; ils sont, ou également éloignés, ou formés en un ou plusieurs groupes de même force ou de forces différentes, selon les indications du chef d'essaim. Mais les deux hommes de la même file doivent rester toujours intimement unis.

Tout en ayant l'œil sur l'ennemi, les tirailleurs sont constamment attentifs aux indications du chef d'essaim et prêts à obéir non-seulement à ses commandements, mais même à ses gestes ou à ses signes; ils restent groupés aussi longtemps que les conditions du combat le permettent.

Le soutien adopte la formation et occupe les emplacements les plus convenables pour remplir sa mission, en se dérobant le mieux possible à la vue et aux coups de l'ennemi. Sans s'éloigner à plus de 100 pas des tirailleurs, il se tient soit de flanc, par deux ou par quatre; soit de front, sur un ou deux rangs, les hommes à demi largeur de main, à un ou deux pas les uns des autres, utilisant tous les abris naturels ou artificiels, debout, accroupis ou couchés, suivant les cas. La formation et l'emplacement du soutien sont essentiellement variables : on ne doit jamais hésiter à les modifier, même dans le cours du combat, selon les phases de la lutte et la configuration du terrain.

A portée du feu de l'ennemi, le soutien

se déplace ordinairement par le *Sammeln* (rassemblement).

Le soutien procède de trois manières principales pour renforcer la ligne de feu :

Ou bien, il vient s'intercaler entre les tirailleurs de première ligne ;

Ou bien, il se déploie sur une des ailes pour prolonger la ligne primitive ;

Ou enfin, il se porte en ordre fermé, sur un ou deux rangs, sur le point où il importe de fournir le plus de feux, soit pour l'attaque, soit pour la défense ; dans cette formation, il combine ses efforts avec ceux des tirailleurs pour assurer le succès.

Contre la *cavalerie*, la ligne d'essaims utilise au mieux les accidents du terrain. Si ces accidents sont impuissants à les protéger efficacement, les essaims se forment en cercles pleins (*Klùmpen*) autour de leurs chefs.

Contre *l'artillerie*, les tirailleurs utilisent le terrain pour s'approcher des pièces à bonne portée, les couvrir de leurs feux et les enlever ensuite à la baïonnette, si les circonstances le permettent.

Mise à profit du terrain.

Le peloton utilise les abris qu'offre le terrain en se conformant aux indications générales données précédemment pour le soldat isolé : le chef d'essaim choisit l'emplacement à occuper et y dispose ses hommes de la façon qui lui paraît le mieux appropriée au but à atteindre.

Les abris les plus favorables sont les lisières des bois, les digues ou remblais, les murs ou clôtures en planches, les collines, élévations ou plateaux (dont on occupe toujours la crête antérieure), les fossés ou sillons parallèles ou obliques au front. Le chef de peloton les utilise en y faisant pratiquer, lorsqu'il y a lieu, les les ouvertures, créneaux ou gradins nécessaires pour les approprier à leur double but, qui est de couvrir la troupe et de lui fournir des appuis pour augmenter l'efficacité du tir.

Dans tous les cas, il est essentiel :

a) De faire surveiller le terrain en avant pour éviter les surprises de l'adversaire ;

b) D'habituer les hommes à quitter instantanément, au premier ordre, les meilleurs abris pour courir sus à l'ennemi, même en terrain complètement découvert.

Dans les lieux habités, les tirailleurs n'occupent pas le milieu de la rue : ils doivent se tenir le long des maisons, surveillant les fenêtres des habitations qui sont en face d'eux.

Emploi du feu.

Le feu est le moyen d'action le plus efficace dont un peloton dispose contre l'ennemi. Son intensité va en augmentant progressivement, à mesure que les tirailleurs et les subdivisions de l'adversaire se rapprochent davantage ; elle atteint son maximum au moment décisif, quand les distances sont moindres et les buts à atteindre plus nombreux et plus considérables.

Le chef de peloton et les chefs d'essaim évitent avec soin le gaspillage des munitions ; ils prennent toujours les mesures nécessaires pour pouvoir les faire remplacer en temps utile, avant qu'elles soient épuisées.

Nul ne fait feu sans ordres, en dehors

des circonstances précédemment indiquées, page 168.

Le chef d'essaim fait ouvrir le feu quand l'ennemi arrive à bonne portée. Au delà de la portée efficace du fusil, les bons tireurs seuls commencent le feu. Les tireurs moins adroits ne font feu qu'en deçà de 300 pas (225 mètres). Si l'adversaire est bien couvert, les bons tireurs seuls font feu, même aux petites distances, c'est-à-dire jusqu'à 200 pas (150 mètres). Mais, si l'ennemi quitte un abri, soit pour marcher, soit pour gagner une autre position, tous les soldats peuvent tirer jusqu'à ce qu'il soit de nouveau couvert.

Les tirailleurs doivent viser de préférence les ennemis qui sont en face d'eux; ils ont aussi, néanmoins, à observer ceux qui se trouvent à leur droite et à leur gauche pour essayer d'atteindre ceux d'entre eux dont les flancs ne seraient pas couverts et qui, par suite, se trouveraient en prise à des coups obliques.

Le chef de groupe prescrit à ses hommes de concentrer leurs feux sur les subdivisions ennemies qui se laisseraient voir, sur celles surtout qui se tiendraient à découvert, de pied ferme ou en marche, derrière la ligne des tirailleurs avancés et à bonne portée de fusil : dans ces cas, c'est seulement sur les troupes à rangs serrés et non sur les tirailleurs qu'il faut diriger le feu.

Pour diminuer l'intensité du feu, il faut le faire cesser complètement : on le rouvre ensuite dans la progression convenable.

On peut parfois faire cesser le feu instantanément ou progressivement, pour tromper l'ennemi, en lui donnant à supposer que la position d'où l'on tirait a été évacuée.

Les *troupes en ordre fermé* se conforment aux principes suivants pour l'exécution des feux :

1. Elles n'emploient les *feux de salves* que contre des troupes en colonne ou en bataille, contre de grosses subdivisions à découvert, bataillon, escadron ou batterie, jusqu'à 400 pas (300 mètres); contre des subdivisions de moindre force : compagnie ou peloton, également à découvert, jusqu'à 300 pas (225 mètres). Si ces dernières

sont un peu abritées, on ne dirige de salves contre elles que jusqu'à 200 pas (150 mètres).

2. Elles emploient le *feu individuel* contre les colonnes et les subdivisions massées, même à de grandes distances, contre un bataillon, par exemple, jusqu'à 600 pas (450 mètres); contre une compagnie en partie couverte, jusqu'à 400 pas (300 mètres), etc.

Progression à suivre pour dresser un essaim au combat.

L'essaim doit être préparé à remplir le rôle qui lui incombe dans le combat : son éducation doit être telle que le chef d'essaim, après avoir appelé l'attention de ses hommes par un coup de sifflet, puisse à volonté, par un signe, un geste de la main ou un simple avertissement, obtenir d'eux, soit qu'ils commencent, accélèrent, diminuent ou cessent complètement le feu, soit qu'ils s'élancent à la baïonnette, soit encore qu'ils résistent avec énergie dans la position où ils se trouvent.

L'ennemi est toujours représenté par un sous-officier et quelques hommes dont la mission est soigneusement précisée par le chef de peloton, de manière à provoquer, en quelque sorte, les mouvements à exécuter par le reste du peloton.

Le dressage de l'essaim au combat se fait dans la progression suivante :

a) Se déployer et prendre position ;

b) S'approcher d'un ennemi de pied ferme et exécuter, à l'occasion, une attaque à la baïonnette ;

c) S'approcher d'un ennemi en marche ou défendre de pied ferme une position ;

d) Battre en retraite ;

e) Résister à la cavalerie ;

f) Se rallier.

Pour exercer l'essaim à se déployer et prendre position, le chef de peloton indique la direction à suivre et la position à occuper. Le chef d'essaim transporte alors sa troupe sur le point désigné en opérant comme s'il se trouvait en présence de l'ennemi. Le chef de peloton contrôle les mesures prises, les rectifie, s'il y a lieu, et s'assure, par de fréquentes interrogations, qu'elles ne sont pas un simple effet du hasard. Cet exercice, qui est fort important, doit être répété souvent et sur des terrains variés.

L'essaim s'approche d'un ennemi de pied ferme d'après les principes précédemment indiqués pour les tirailleurs isolés, c'est-à-dire par bonds *(Rùckweise)*, dont l'amplitude diminue en même temps que les distances, de telle sorte que, parvenu dans la zone de portée efficace des armes, l'essaim n'avance plus guère qu'au moyen du *Sammeln* (rassemblement) par file ou même par homme. Le chef d'essaim ne quitte une position que quand tous ses hommes y sont rassemblés. Il indique alors la nouvelle position à occuper, s'y transporte des premiers et y surveille l'établissement de sa troupe, en portant surtout son attention sur les feux.

Quand l'ennemi paraît suffisamment ébranlé, on essaie de le déloger par une attaque à la baïonnette. A 80 ou 100 pas de l'adversaire, le chef d'essaim donne au feu son maximum d'intensité ; puis, il fait mettre la baïonnette au canon, désigne avec précision le point à assaillir et s'y élance le premier en enlevant sa troupe au cri de :

Hurrah !

Les hommes répètent ce cri, se serrent autour de leur chef et se précipitent sur l'ennemi. Ils s'établissent dans la position conquise èt ouvrent immédiatement le feu.

On procède d'une manière analogue pour dresser l'essaim à marcher contre un ennemi en mouvement et à défendre une position de pied ferme.

Les retraites sont de deux sortes : ou bien elles ont lieu volontairement et sont dites *retraites ordonnées ;* ou bien elles ont lieu à la suite d'un échec et sont dites alors *retraites obligées.*

Les retraites ordonnées s'exécutent méthodiquement et avec calme. Le chef d'essaim choisit en arrière une coupure de terrain ou toute autre position avantageuse pour la résistance, plus ou moins éloignée, suivant qu'il doit ou non rester aux prises avec l'ennemi. Il y envoie une partie de sa troupe qui s'y établit convenablement et protége ensuite, par son feu, la retraite des tirailleurs avancés.

La marche continue ainsi par *Sammeln* (rassemblements) rétrogrades et bonds successifs d'autant plus étendus qu'on s'éloigne davantage de l'adversaire.

Quand la retraite est obligée, les tirailleurs se replient tous ensemble, au pas de course, jusqu'à une position permettant de résister avec avantage. Le mouvement se continue ensuite comme dans une retraite ordonnée.

Lorsque l'essaim est menacé par la cavalerie, son chef peut, suivant les circonstances, ou le laisser déployé, ou le grouper autour de lui en cercle plein.

L'essaim se rallie au pas accéléré ou au pas de course. On commande ou on sonne : dans le premier cas, *rassemblement*, et dans le second, *alarme*.

Progression à suivre pour dresser un peloton au combat.

Pour dresser utilement un peloton au combat, il est nécessaire que chaque essaim soit convenablement préparé au rôle qui lui incombe, que les chefs d'essaim soient habitués à s'entendre entre eux et avec le chef de peloton.

Les mouvements de l'ennemi sont figurés d'après les principes précédemment indiqués, mais sur une plus grande échelle.

Dans le cours de la manœuvre, si des fautes graves se commettent, si surtout les diverses fractions de la troupe n'agissent pas de concert, le chef de peloton fait donner le signal de *Repos (Rast)* : chacun s'arrête aussitôt dans la position qu'il occupe ; les hommes mettent l'arme au pied.

Le chef de peloton profite de ce temps d'arrêt pour signaler et rectifier les fautes commises. Quand la manœuvre doit recommencer, il fait sonner les premières reprises de la *Marche générale* (*Generalmarsch*).

On exerce d'abord le peloton à manœuvrer partie en ligne d'essaims et partie en soutien. Le chef de peloton indique sommairement aux chefs d'essaim le but à atteindre, la direction à suivre et le terrain à couvrir ; il désigne les ordonnances à laisser auprès de lui pour porter ses ordres en cas de besoin, puis il commande

1. *Premier et deuxième* (ou troisième et quatrième) *essaims* (ou peloton), *en ligne d'essaims.*

2. *Tel essaim de direction :*

Les essaims désignés se déploient comme il est dit au paragraphe précédent pour l'essaim isolé ; les autres forment le soutien sous les ordres du plus ancien chef d'essaim.

Le chef de peloton s'établit entre la ligne d'essaims et le soutien.

On se conforme aux prescriptions générales sur la manière de combattre du peloton.

On montre ensuite comment divers essaims agissant de concert, doivent s'approcher d'un ennemi en position ; puis on fait renforcer ou prolonger la ligne par le soutien.

Pour l'attaque à la baïonnette, chaque chef d'essaim est prévenu d'avance du point à assaillir et aussi *du point sur lequel on devra se rallier en cas d'échec.* Au moment de l'assaut, le chef de peloton conduit lui-même l'essaim de direction sur lequel se règlent tous les autres.

Après le succès, le chef de peloton établit sa troupe dans la position conquise et prend toutes les mesures nécessaires pour en assurer la conservation, avant de songer à la poursuite.

En cas de retraite ordonnée, les essaims se retirent méthodiquement, en se soutenant les uns les autres.

En cas de retraite obligée, le peloton entier se replie, *sur l'ordre de son chef*, vers le point de ralliement indiqué, de manière à se soustraire le plus promptement possible aux effets du feu de l'ennemi. Pendant la retraite, personne ne doit jamais dépasser l'essaim de direction qui est conduit par le chef de peloton.

Le règlement autrichien prévoit ici le cas où les forces des deux partis opposés étant sensiblement égales, on est obligé de rester en présence jusqu'à l'arrivée de renforts permettant de pousser l'attaque à fond. Dans les combats ainsi prolongés *(Hinhaltende Gefechte)*, il faut rigoureusement observer la discipline des feux, en évitant de compromettre le succès par un gaspillage irréfléchi des munitions.

On enseigne de la même manière au peloton à s'approcher d'un ennemi marchant contre lui, ou à repousser une attaque. Les chefs d'essaim trouvent ainsi occasion de se familiariser avec les exigences de toutes les circonstances de guerre pouvant se présenter.

Exécution d'un combat avec le peloton.

Les dispositions à adopter pour le combat dépendent généralement du but que l'on se propose. Elles sont offensives ou défensives ; ou bien offensives sur certains points de la ligne et défensives sur certains autres. Il peut arriver aussi qu'elles affectent un caractère particulier d'observation, d'expectative, quand les forces en présence se faisant sensiblement équilibre, doivent provisoirement rester aux prises jusqu'à ce que surgissent des incidents de nature à précipiter la solution.

Le chef de peloton n'a ordinairement qu'à exécuter les ordres reçus. Si, néanmoins, il lui arrive d'agir d'une manière indépendante, il doit se comporter d'après le terrain et les circonstances, en ayant soin d'utiliser *complètement* toutes les forces dont il dispose. Il cherche à découvrir le côté faible de l'ennemi pour l'attaquer avec des forces supérieures ; il met à profit les fautes de l'adversaire, agit de préférence par surprise dans l'offensive aussi bien que dans la défensive, persévère dans ses résolutions malgré les incidents qui pourraient les traverser, et prend pour règle, dans les cas douteux, que le parti le plus audacieux est ordinairement le meilleur.

Pour fournir aux commandants de peloton l'occasion d'appliquer les prescriptions du présent règlement et les principes généraux relatifs à la conduite à tenir pendant le combat, on termine l'instruction du peloton par des exercices particuliers, dans lesquels l'ennemi est effectivement représenté par les forces réelles que l'on suppose à sa disposition.

Ces exercices particuliers sont dirigés par le commandant de compagnie, qui y remplit le double rôle de *directeur (Leiter)* et *d'arbitre (Schiedscrichter)*.

Comme *directeur*, le commandant de

compagnie fixe la force des détachements qui seront opposés l'un à l'autre, donne à chacun une mission particulière procédant d'une *idée générale* commune, indique le but à atteindre, les conditions dans lesquelles chaque subdivision est censée se trouver, le terrain où l'on devra opérer et l'heure à laquelle commencera la manœuvre.

L'une des subdivisions porte comme signe distinctif un bandeau blanc à la coiffure.

Le chef de chacun des partis opposés ignore toujours la force, la mission et l'emplacement de son adversaire.

Avant le commencement de la manœuvre, le directeur se fait communiquer le plan de chaque chef de peloton et le rectifie, s'il y a lieu, pour maintenir chacun dans les données générales. Il exige qu'on se comporte comme en présence de l'ennemi et veille à l'observation du règlement. Pendant le cours de la manœuvre, il peut modifier les conditions de combat en renforçant un des deux partis et en changeant les ordres primitifs.

On commence ces exercices par la représentation de certains *moments* isolés du combat supposé. On en vient ensuite à laisser exécuter plusieurs moments successifs comme ils se produiraient dans le cours d'une véritable action de guerre.

Si des fautes graves se commettent, le directeur interrompt la manœuvre en faisant sonner *Repos*, comme il a été dit précédemment.

Comme *arbitre*, le commandant de compagnie observe le combat dans tous ses détails et détermine le compte à tenir des effets probables du feu. Il intervient, quand cela est nécessaire, pour décider si une opération doit être considérée comme ayant échoué ou réussi, s'il faut la tenir pour bien exécutée ou la faire recommencer, si certains hommes ou certaines fractions de troupes doivent cesser de prendre part au combat soit seulement pour un temps, soit pour le reste de la manœuvre.

Le commandant de compagnie peut se faire aider dans le rôle d'arbitre par un autre officier. Les arbitres portent une marque distinctive.

Leurs décisions doivent être immédiatement exécutées.

La manœuvre terminée, le commandant de compagnie réunit en conférence *(Besprechùng)* autour de lui et sur le terrain même, tous les gradés qui y ont pris part : chaque commandant de détachement expose sommairement les mesures qu'il a prises, explique et motive sa conduite et fait connaître les décisions des arbitres.

Le commandant de compagnie résume le tout, discute le pour et le contre et fait toutes les observations que la manœuvre lui suggère, de manière que chacun puisse en tenir compte dans les exercices ultérieurs.

QUATRIÈME PARTIE.

Honneurs militaires.

Cette partie du règlement est consacrée aux honneurs à rendre par le peloton ; elle contient aussi les prescriptions relatives aux défilés et aux salves à titre d'honneur.

RÈGLEMENT ALLEMAND.

TITRE II.

École de peloton.

Les Allemands n'ont pas d'école de peloton proprement dite.

Le titre II de leur règlement est intitulé : *De la troupe et de la compagnie.*

La première partie de ce titre, consacrée à la « troupe, » ne contient que les quelques lignes suivantes :

« L'instruction des recrues terminée, on en réunit plusieurs en rangs et en files, et on les fait manœuvrer ensemble *(In einem Trùpp)* pour les préparer aux évolutions de compagnie, dans l'ordre fermé et dans l'ordre dispersé.

» Cette instruction se donne d'après

les principes indiqués pour la compagnie. » (1)

---

(1) Voir tome II.

OBSERVATIONS

SUR

L'ÉCOLE DE PELOTON.

SOMMAIRE. — Formation de front, distance de rang, direction, guides. — Formation de flanc par deux et par quatre. Le peloton étant par le flanc, le former en ligne. — Des feux : leur efficacité. — Du peloton en tirailleurs et de ses subdivisions : intervalles entre les files; intervalles entre les groupes. Est-il nécessaire de mettre les tirailleurs coude à coude pour obtenir des feux produisant un *effet utile* maximum? — Renforcer les tirailleurs : restreindre les intervalles entre les files, et augmenter les intervalles entre les groupes. — Ne jamais mélanger des hommes de groupes différents. — Discussion sur l'utilité du renfort. — Méthode d'instruction : progression rationnelle. — Conclusion.

A l'étranger, la dénomination de peloton s'applique à la fraction de troupe commandée par un officier subalterne (lieutenant ou sous-lieutenant).

L'école de peloton est donc l'école intermédiaire entre celles du soldat et de compagnie.

La compagnie comprend :

En Allemagne, deux ou trois pelotons; en Italie et en Autriche, quatre pelotons.

FORMATION DE FRONT. — En Allemagne, le peloton se forme sur trois rangs; les hommes sont coude à coude dans le rang.

En Italie et en Autriche, la formation normale du peloton est sur deux rangs. Toutefois, le peloton peut être exceptionnellement formé : en Autriche, sur un rang; en Italie, sur quatre.

FORMATION DE FLANC. — En Allemagne, le peloton par le flanc est sur deux ou trois rangs. On ne double jamais les files; pendant la marche, les hommes doivent emboîter le pas.

En Italie et en Autriche, le peloton par le flanc est ordinairement sur quatre rangs, exceptionnellement sur deux.

On n'emboîte point le pas, même quand le peloton marche par le flanc sur deux rangs. Dans ce dernier cas, au commandement de *marche*, tous les hommes, excepté la file de tête, raccourcissent le pas de manière à laisser entre eux et ceux qui les précèdent une distance suffisante pour pouvoir marcher à l'aise, sans emboîter le pas. Le peloton marchant par le flanc sur deux rangs occupe ainsi plus d'espace que quand il est de front. Au commandement de *halte*, la file de tête s'arrête, les autres serrent à leurs distances.

Le doublement et le dédoublement des files se font par des procédés assez différents de ceux que l'on emploie en France.

Le peloton étant par le flanc, le former en ligne. — En Italie et en Autriche, ce mouvement s'exécute aussi bien de pied ferme qu'en marchant et, indifféremment, vers la droite ou vers la gauche, par le premier ou le second rang.

DES FEUX. — En Allemagne, les deux

premiers rang seuls font feu ; le troisième reste immobile, l'arme sur l'épaule.

La distance de rang étant plus considérable qu'en France, les hommes du second rang ne se bornent pas, comme chez nous, à appuyer légèrement à droite; ils font en même temps un pas en avant pour se rapprocher du premier rang.

Partout les feux se divisent en feux de salves ou à commandements ; feux individuels, rapides ou à volonté; feux sur un rang ou par rang, et feux directs ou obliques.

Les feux se font dans les positions debout, à genou, accroupi ou couché (même à rangs serrés); en tirailleurs, les hommes peuvent aussi tirer assis : ils ne doivent jamais, quand ils en trouvent l'occasion, négliger de prendre des points d'appui pour augmenter la précision du tir.

Les feux s'exécutent à peu près partout de la même manière. Remarquons cependant que les Italiens essaient encore de diminuer la consommation des munitions dans les feux individuels en faisant tirer successivement les numéros pair et impair de chaque double file.

En ce qui concerne l'emploi des divers feux,

Le règlement allemand, d'accord en cela avec le *Manuel de l'instructeur de tir*, paraît donner la préférence aux feux à commandements sur les feux à volonté;

Le règlement autrichien entre dans des détails très précis sur les moyens à employer pour éviter le gaspillage des munitions et sur l'efficacité des diverses espèces de feux. Il recommande l'emploi du feu à volonté aux grandes distances.

Il est assurément très important d'éviter le gaspillage des munitions et d'empêcher le soldat de brûler ses cartouches quand il n'a aucune chance d'atteindre le but. Mais les rédacteurs du règlement autrichien paraissent avoir exagéré les précautions raisonnables, en défendant aux tireurs ordinaires de tirer au delà de 225 mètres, et en prescrivant que les *bons tireurs* seuls peuvent faire feu sur un ennemi abrité, même aux petites distances, *jusqu'à 150 mètres*.

Ces restrictions ne sont justifiées ni par le peu d'habileté des soldats autrichiens, dont un grand nombre passent au contraire pour d'excellents tireurs, ni par le manque de précision des fusils du système Werndl.

Les indications ci-après, empruntées au règlement italien (1), sont au contraire très dignes d'être recommandées aux officiers qui voudront mettre à profit les avantages inhérents aux armes à tir rapide et à grande portée.

A rangs serrés, l'infanterie ne tire jamais au delà de 1,000 mètres. Contre des masses ennemies à plus de 300 mètres, elle exécute des feux de rang, à raison de un à deux coups par minute. Contre des masses d'infanterie ou de cavalerie et contre de gros essaims de tirailleurs marchant à l'attaque, elle exécute, de 300 à 150 mètres, des feux à commandement par les deux rangs à la fois, en accélérant progressivement jusqu'à cinq coups par minute.

En ordre dispersé, l'infanterie ne tire pas au delà de 1,100 mètres. Elle ne tire

---

(1) Voir tome II, *Évolutions de bataillon*.

ordinairement qu'en deçà de 500 mètres, contre des hommes ou cavaliers isolés.

En ordre fermé, les feux à commandement donnent des résultats un peu supérieurs aux feux à volonté. Les feux par rang donnent de meilleurs résultats que les feux par les deux rangs à la fois.

Pour le soldat isolé, en terrain découvert, la probabilité d'être atteint par le feu de l'ennemi varie comme les nombres 10, 7 et 2, suivant que le soldat se tient debout, assis, à genou ou accroupi, ou couché.

DU PELOTON EN TIRAILLEURS ET DE SES SUBDIVISIONS. — Pour combattre en tirailleurs, le peloton italien se divise en deux escouades de 16 à 20 hommes, l'escouade en deux escadrilles de 8 à 10 hommes.

En Autriche, le peloton se divise en quatre essaims de 10 à 12 hommes.

En Allemagne, les trois pelotons de combat sont forts d'environ 75 hommes chacun; le peloton se subdivise en deux demi-pelotons et chaque demi-peloton en trois *sections* de 8 à 12 hommes.

Ces diverses subdivisions, escadrilles, essaims et sections sont comprises dans les explications ci-après sous la dénomination générique de groupe.

Intervalles entre les tirailleurs. — En Italie, les files de tirailleurs doivent être à deux pas au moins et à six au plus les unes des autres. L'intervalle normal est de 3 pas de file à file, ce qui correspond à un tirailleur pour 1m20 de terrain.

En Autriche, les intervalles sont calculés à raison de un tirailleur pour 1m50 de terrain. On peut épaissir la ligne en doublant le nombre des tirailleurs : ceux-ci sont alors à peu près coude à coude.

En Allemagne, les *files* ne doivent pas être à plus de six pas (4m80) les unes des autres, ce qui correspond à un tirailleur au moins pour 2m40. Le règlement ne fixant pas de limite au rapprochement des files, la ligne peut être épaissie jusqu'à former un rang de soldats coude à coude.

Intervalles entre les groupes. — En Italie, les escadrilles sont séparées les unes des autres par des intervalles de six pas au moins, qui peuvent être augmentés jusqu'à atteindre le front d'une escadrille entière déployée.

Le règlement autrichien ne précise rien au sujet des intervalles à laisser entre les groupes : ils sont déterminés par le chef de peloton et doivent être calculés de telle sorte qu'il y ait toujours en moyenne un tirailleur par deux pas du front.

En Allemagne, les groupes doivent être tenus à *quelques* pas les uns des autres. Il est recommandé de les conserver réunis le plus longtemps possible.

Cette question des intervalles à laisser entre les files d'un groupe et entre les groupes d'une ligne offre un grand intérêt : de sa solution dépendent à la fois l'étendue du terrain que l'on peut couvrir, l'intensité des feux que les tirailleurs seront en état de fournir et la gravité des pertes auxquelles ils seront exposés.

Il faut, d'une part, espacer les tirailleurs pour diminuer les pertes et occuper plus de terrain; il faut en même temps, d'autre part, mettre en ligne un nombre d'hommes suffisant pour produire l'effet qu'on attend d'eux.

On voit déjà que les intervalles varient nécessairement suivant les circonstances et suivant le but à atteindre.

C'est surtout par le feu qu'agit l'infanterie. Or, l'efficacité du feu se mesure par l'*effet utile*, qui est lui-même fonctions de la vitesse et de la justesse. Il s'agit de combiner ces deux éléments, vitesse et justesse, de manière à obtenir un effet utile maximum.

On augmentera la justesse en espaçant les tirailleurs pour leur permettre de tirer à l'aise, en les abritant convenablement, et en leur laissant toute latitude pour utiliser les points d'appui procurant plus de précision.

Il est toujours facile d'augmenter la vitesse. Mais quand un homme tire très vite, il ne tire généralement pas bien, en sorte que l'effet utile n'augmente avec la vitesse que dans une certaine limite, au delà de laquelle il diminue.

Pour que le feu s'exécute dans de

bonnes conditions, il faut donc d'abord que chaque tirailleur, tout en visant bien, ne dépasse pas la vitesse au delà de laquelle l'effet utile de son tir diminuerait.

La question se réduit alors à déterminer le nombre de tirailleurs qu'il *suffit* de concentrer sur un point, à un moment donné, pour obtenir un tir dont l'effet utile soit maximum.

On admet généralement aujourd'hui que des tirailleurs placés sur un rang coude à coude produisent des feux à effet utile maximum. Mais on aurait évidemment grand tort de rapprocher autant les tirailleurs si l'on pouvait obtenir les mêmes résultats avec une ligne dont les hommes seraient à deux ou trois pas les uns des autres.

On a constaté, par expérience, qu'à rangs serrés, l'effet utile paraît diminuer : dans les feux à volonté, lorsque la consommation moyenne dépasse six cartouches par homme et par minute; dans les feux à commandement, lorsqu'on fait plus de cinq salves à la minute. (*Manuel de l'Instructeur de tir*).

Il existe bien certainement des relations analogues entre la vitesse et l'effet utile des feux en tirailleurs. Ce sont ces relations qu'il faut rechercher, afin d'en déduire le nombre de tirailleurs à mettre en ligne pour obtenir un effet utile maximum.

J'ai été témoin de l'expérience suivante faite avec le fusil Chassepot, modèle 1866 :

60 hommes déployés à *deux pas* les uns des autres ont exécuté un feu à volonté sur des panneaux et des cibles placés, dans un polygone, à 1,000 mètres de la ligne des tirailleurs. La consommation des munitions a été de cinq cartouches par homme et par minute. Pendant la durée du feu, le terrain aux environs des cibles était couvert d'une quantité telle de projectiles qu'il eût été absolument intenable, même pour des tirailleurs couchés et fort espacés. La zone de terrain ainsi battue, sur un front égal à celui des tirailleurs, avait au moins 500 mètres de profondeur. Il était facile d'apprécier les résultats parce que le tir avait lieu par un temps très sec, sur un sol sablonneux, où tous les coups et ricochets étaient parfaitement visibles.

Les officiers présents se sont retirés avec la conviction que deux lignes de tirailleurs n'auraient pu rester aux prises à cette distance de 1,000 mètres, dans les conditions où le tir s'est exécuté : l'intensité du feu aurait suffi pour contraindre l'une des deux lignes à céder le terrain.

C'est en multipliant les expériences de ce genre qu'on parviendra à déterminer la limite au delà de laquelle il ne serait plus utile de serrer les tirailleurs.

RENFORCER LES TIRAILLEURS. — Cette question des intervalles à laisser entre les tirailleurs d'un groupe et les groupes d'une ligne est également importante au point de vue des dispositions à prendre pour renforcer les tirailleurs.

Ici interviennent en outre des considérations d'ordre et de discipline.

Il ne faut pas songer à faire serrer les intervalles quand la ligne est aux prises avec l'ennemi. Cette manœuvre est universellement condamnée, même par le Règlement italien (1).

---

(1) Voir *Note explicative*, p. 78.

Il n'est pas bon non plus de renforcer la ligne en intercalant de nouveaux tirailleurs au milieu des anciens. Quelles que soient les précautions préalables prises dans ce cas, on aboutit forcément à mélanger des hommes de pelotons et de régiments différents. Et je ne vois pas un remède suffisant à cette confusion dans le principe posé à la fois par M. le général Ducrot et par le Règlement italien, que les tirailleurs doivent obéir alors à l'officier le plus près d'eux.

Le mieux, en cette matière, serait assurément de ne jamais mélanger des hommes de groupes différents. Or, il y a avantage à rapprocher les hommes d'un même groupe pour les mieux tenir dans la main de leur chef. Il y a avantage aussi à bien séparer les groupes les uns des autres pour faire mieux comprendre au chef de groupe qu'il est chargé d'un commandement distinct.

D'après cela, on pourrait fixer d'une manière invariable les intervalles à laisser entre les files d'un même groupe et adopter l'intervalle normal indiqué par M. le général Ducrot, cinq pas de file à file, ce qui correspond à un tirailleur pour deux pas et demi du front : les tirailleurs sont alors à un pas environ les uns des autres.

Ce premier principe admis, on espacerait les groupes de manière à laisser toujours entre deux groupes consécutifs une étendue de terrain égale au front d'un groupe déployé.

La ligne, dans cet ordre, serait parfaitement disposée pour surveiller et battre le terrain en avant.

Appliquons maintenant cette formation au renforcement successif d'une ligne de tirailleurs fournie par la nouvelle compagnie française de trois sections, divisées en 12 escouades.

La compagnie déploie d'abord quatre escouades séparées par des intervalles égaux au front d'une escouade entière déployée. Dans chaque escouade, les files sont à cinq pas. Pour renforcer la ligne, on déploie quatre nouvelles escouades, qui se placent : trois, dans les intervalles et la quatrième à la droite ou à la gauche.

On obtient ainsi une ligne continue de tirailleurs à un pas les uns des autres et la compagnie a deux de ses sections déployées ; la troisième section est en réserve.

Si l'on éprouve le besoin de renforcer encore la ligne, sans la prolonger, il faudra porter la réserve en avant. Mais il ne sera pas nécessaire de la déployer, parce qu'une ligne de tirailleurs à un pas fournit des feux produisant certainement un maximum d'effet utile. La réserve agira alors sur un ou sur deux rangs, pour donner le coup de collier décisif, au moment de l'assaut.

Rien n'empêchera d'employer les excellents procédés indiqués par le général Ducrot pour ne pas mélanger, sur la ligne, des escouades de sections différentes. L'important, au surplus, est qu'on ne mélange pas des hommes de diverses escouades : chacune d'elles reste alors dans la main de son chef, et si celui-ci se trouve momentanément, pour un motif quelconque, sous les ordres d'un officier ou d'un sous-officier n'appartenant pas à la même section que lui, cela n'aura guère d'inconvénients ; tandis qu'il y en aurait de très grands, au contraire, à permettre aux hommes de se grouper, suivant leur fantaisie, autour du premier gradé venu, sous prétexte qu'il serait le plus rapproché d'eux.

Le désordre est désormais inévitable. Mais il est à souhaiter qu'il ne s'étende pas jusqu'au tirailleur isolé et qu'il s'arrête à l'escouade, de manière que celle-ci forme en permanence un tout, composé toujours des mêmes hommes, obéissant au même chef.

RENFORTS, SOUTIENS ET RÉSERVES. — En Autriche, la ligne de feu se compose de deux lignes successives : la première, la plus avancée, est la ligne de tirailleurs proprement dite; c'est elle qui engage et soutient le combat. La seconde ligne ne prend pas, au moins au début de l'action, une part directe au combat; mais elle se tient prête à soutenir et à renforcer instantanément la première, dont elle ne doit jamais s'éloigner à plus de 75 mètres : cette seconde ligne est le *renfort*.

En Allemagne et en France, le renfort n'existe pas.

En Italie, il est *théoriquement* réglementaire. Mais son emploi paraît avoir soulevé des objections qui sont discutées en détail dans la « Note explicative » du 4 mars 1874, à laquelle le lecteur fera bien de se reporter.

Les tirailleurs — avec ou sans renfort — sont toujours appuyés par un soutien et souvent par une réserve.

La composition et le mode d'emploi des soutiens et des réserves seront examinés à l'école de compagnie.

MÉTHODES D'INSTRUCTION. — A l'instruction individuelle, le soldat a appris à prendre position, à utiliser les abris, à se transporter d'un abri à un autre.

On lui fait répéter ensuite les mêmes exercices dans le groupe. Il apprend alors à rester en relations avec ses voisins et à obéir aux indications de son chef de groupe.

Ces exercices ont surtout pour objet le dressage du chef de groupe : on lui enseigne à faire prendre position à sa troupe, à lui faire utiliser les abris, à la transporter d'un point à un autre, à attaquer, à se défendre, à battre en retraite, et, par dessus tout, à diriger le feu de ses hommes avec intelligence et à-propos.

Quand le groupe sait manœuvrer et combattre isolément, on le fait agir de concert avec un ou plusieurs autres groupes. Le rôle du soldat reste le même. Celui du chef de groupe s'agrandit : il doit se tenir en relations avec les groupes voisins et être toujours attentif aux indications de son chef de peloton.

Cette méthode d'instruction développe l'intelligence et l'esprit d'initiative du chef de groupe; elle le pénètre de l'importance du rôle qui lui incombe, et, si elle est bien dirigée, elle a pour résultat de permettre au chef de peloton de conduire sa troupe sans se préoccuper des détails d'exécution, dont la surveillance est confiée au chef de groupe.

Mais pour en arriver là, il faut recourir à des procédés très différents de ceux qu'on employait jusqu'à ce jour en France sur le champ de manœuvre. Il faut conduire la troupe sur des terrains variés, faire représenter l'ennemi par quelques hommes, imaginer une hypothèse de manœuvre ou de combat, et s'ingénier à rendre ces exercices à la fois agréables et instructifs.

Les méthodes indiquées par les règlements autrichien et italien sont excellentes : on ne saurait trop en recommander l'étude aux officiers de compagnie.

Il est à désirer que notre nouveau règlement se les approprie, en les perfectionnant, si possible, pour les rendre désormais familières à tout le monde. C'est pourquoi j'ai tenu à reproduire presque littéralement les nombreux et intéressants exemples de combat que contient le règlement italien. Les officiers y trouveront de précieuses indications sur la manière de varier et de multiplier à l'infini les hypothèses de manœuvre ou de combat.

CONCLUSION. — Le soldat apprend d'abord à manœuvrer, à prendre position, à marcher et à combattre individuellement.

Il est exercé ensuite à répéter en groupe

les mêmes opérations : son instruction tactique est alors complète.

Les exercices de groupes sont destinés à former les caporaux et sous-officiers : leur instruction tactique est terminée quand ils ont exécuté des manœuvres et combats avec plusieurs groupes agissant de concert.

L'éducation militaire suit ainsi une progression rationnelle qui s'arrête : pour le soldat, au groupe ; pour le sous-officier, au peloton ; pour l'officier de peloton, à la compagnie. Chacun s'habitue insensiblement à remplir les devoirs qui peuvent lui incomber en toutes circonstances. Le chef n'a plus alors qu'à combiner l'ensemble, à mettre la machine en mouvement et à en surveiller la marche : ses subordonnés savent ce qu'ils ont à faire ; ils sont en état de contribuer utilement et sans efforts à l'exécution de ses volontés.

FIN DU TOME PREMIER.

Limoges. — Imprimerie militaire V. CHARLES,
Rue Manigne, 16.

Règlement sur les exercices et évolutions des troupes à pied en Italie, en Autriche et en Allemagne, traduits, résumés et annotés par A. de Vaucresson, chef de bataillon au 2ᵉ zouaves; cartonné papier....... 2 »
Relié toile.............................. 2 25

Ecole théorique et pratique d'orientation militaire à l'usage des troupes de toutes armes, par le même, brochure in-18.................. » 25

Vingt conférences militaires sur la tactique, par le capitaine A. Blanc, ouvrage approuvé par le maréchal de Mac-Mahon, les généraux de Martimprey, de Nansouty, etc.; un volume in-12.. 2 50

MAX GUILIN. — SOUVENIRS DE LA DERNIÈRE INVASION.
1ʳᵉ partie : *Sous Metz*, brochure in-8°.... 2 25
2ᵉ partie : *Dans le Nord*, avec une carte; fort volume in-8°................... 2 75
Les deux parties réunies en un volume..... 5 »

PAR QUI? POURQUOI? COMMENT la France a-t-elle été entraînée dans l'abîme? Par qui? pourquoi? comment en sera-t-elle bientôt retirée? par le même. — Br. in-8°........................ 1 »

E. FRIRION, capitaine au 8ᵉ de Ligne, chevalier de la Légion d'honneur. — RELATION DE L'INSURRECTION des troupes espagnoles détachées dans l'île de Séeland, sous les ordres du général Fririon, en 1808, avec les pièces justificatives destinées à compléter la relation. — Un volume in-8°........................ 2 »

V. GRILLON, capitaine du génie. — DÉFENSE DES LIGNES FLUVIALES (Etudes stratégiques sur la).

Défense directe et indirecte des cours d'eau; — assiette, degré de résistance et armement des fortifications. Extrait de l'*Armée en mouvement* (die Armee in Bewegung). Traduit de l'allemand. — Un vol. in-8°, avec quatre planches.......................... 2 50

V. MILET. — Aide-mémoire d'administration, à l'usage des sous-officiers d'infanterie. — Un vol. in-8°.......................... 5 »

L. BEAUGÉ, chef de bataillon au 43e régiment d'infanterie. — Guide du fourrier ou Formulaire à l'usage des compagnies, escadrons ou batteries de tous les corps de l'armée. — 3 fr.; par la poste.......................... 3 50

L. BEAUGÉ, capitaine au 3e de ligne, ex-chef de bataillon au 43e d'infanterie. — Service militaire en France, Manuel à l'usage de tous les Français soumis à la loi sur le recrutement et spécialement des officiers de tout grade des armées de terre et de mer, des préfets, des sous-préfets et des maires. — 1 fr. 65; par la poste....... 2 »

L. BEAUGÉ, capitaine au 3e de ligne, ex-chef de bataillon au 43e d'infanterie. — Écoles militaires en France, Manuel à l'usage des aspirants aux écoles militaires, au stage qui doit précéder l'emploi d'élève d'administration, et des militaires de tous grades chargés de la direction, de la surveillance, de l'administration et de la comptabilité des écoles régimentaires. — 1 fr. 40; par la poste.......................... 1 70

MANUEL DE L'INSTRUCTEUR DE TIR, à l'usage des officiers et des écoles militaires. Approuvé par le Ministre de la guerre, le 19 novembre 1872. — Vol. in-8°, prix.............. 1 25

EXTRAIT DU MANUEL DE L'INSTRUCTEUR DE TIR, à l'usage des sous-officiers et des candidats. Approuvé par le Ministre de la guerre, le 9 mai 1873. — Vol. in-18, prix.......... » 50

INFANTERIE.

LIVRET de l'Officier de section, — in-18 :

Relié en percaline imprimée.................. 1 25

Cartonné en papier........................ 1 »

LIVRET pour Sous-Officier, in-18 :

Relié en percaline, avec peau d'âne et crayon. 1 »

— sans peau d'âne ni crayon. » 75

Cartonné en papier, avec peau d'âne et crayon. » 75

— sans peau d'âne ni crayon. » 60

LIVRET du Caporal, in-18 :

Cartonné en papier........................ » 40

CONTROLE par rang de taille, intérieur peau d'âne.................................. 1 »

CAVALERIE.

LIVRET de l'Officier de peloton, — in-18 :

Relié en percaline imprimée.................. 1 25

Cartonné en papier........................ 1 »

LIVRET pour Sous-Officier, — in-18 :

Relié en percaline imprimée.................. 1 »

Cartonné en papier........................ » 75